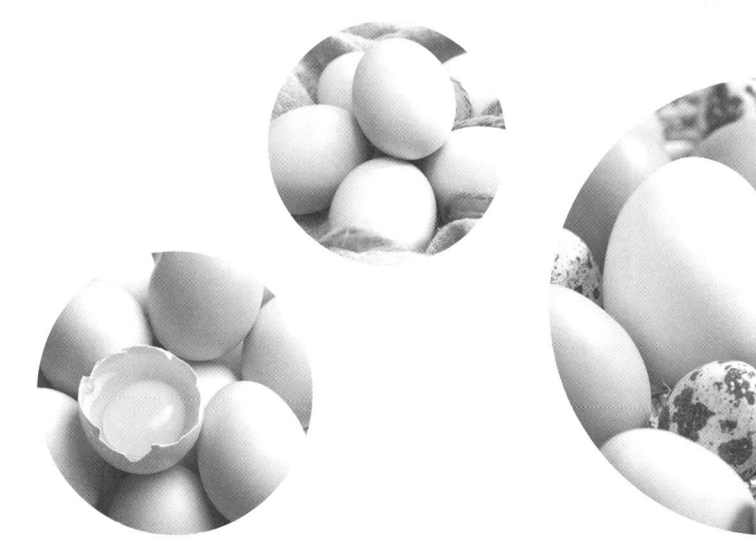

禽蛋全产业链
质量安全管控
与营养品质提升 技术指南

◎吉小凤 杨 华 赵阿勇 主编

中国农业科学技术出版社

图书在版编目(CIP)数据

禽蛋全产业链质量安全管控与营养品质提升技术指南／吉小凤，杨华，赵阿勇主编．--北京：中国农业科学技术出版社，2025.1.--ISBN 978-7-5116-7169-1

Ⅰ．F762.5-62；R151.3-62

中国国家版本馆 CIP 数据核字第 2024Q43S06 号

责任编辑　马维玲　崔改泵
责任校对　李向荣
责任印制　姜义伟　王思文

出 版 者	中国农业科学技术出版社
	北京市中关村南大街 12 号　　邮编：100081
电　　话	(010) 82109194 (编辑室)　　(010) 82106624 (发行部)
	(010) 82106624 (读者服务部)
网　　址	https://castp.caas.cn
经 销 者	各地新华书店
印 刷 者	北京科信印刷有限公司
开　　本	170 mm×240 mm　1/16
印　　张	11
字　　数	180 千字
版　　次	2025 年 1 月第 1 版　2025 年 1 月第 1 次印刷
定　　价	50.00 元

◀━━ 版权所有·翻印必究 ━━▶

编委会

主　　　编　吉小凤　杨　华　赵阿勇
副 主 编　肖英平　张大文　余红伟
　　　　　　　卢立志　王芷筠　杜　雪
参 编 人 员（按姓氏笔画排序）
　　　　　　　丁向英　马灵燕　王　锦
　　　　　　　王小骊　牛禹鸽　邓惠丹
　　　　　　　叶梦珺　冯伟峰　吕文涛
　　　　　　　朱海燕　刘　雯　刘秀婷
　　　　　　　刘梦琪　齐世龙　李　锐
　　　　　　　李诗如　李燕平　杨军跃
　　　　　　　肖兴宁　吴方策　吴健清
　　　　　　　汪建妹　张　莉　张永华
　　　　　　　侯建波　姜龙磊　袁丽娟
　　　　　　　都　玉　顾艳红　柴素洁
　　　　　　　徐　晶　唐红英　唐宏刚
　　　　　　　黄　康　商华丽　蒋义权
　　　　　　　蒋春青　曾　涛　蔡　丽

参加编写单位

浙江省农业科学院

浙江农林大学

江西省农业科学院

杭州市农业农村局

建德市农业农村局

江山市农业农村局

开化县农业农村局

嵊州市农业农村局

仙居县农业农村局

新昌县农业农村局

诸暨市农业农村局

中国海关技术中心

浙江汇农农业开发有限公司

金华金婺农业发展有限公司

浙江金鹜农业科技发展有限公司

杭州建德军跃养殖有限公司

前　言

食品安全问题是国际社会关注的重大问题，是关系国计民生的重大问题，是关系到人类健康、生存和发展的重大问题。党中央国务院高度关注食品安全问题，习近平总书记指出，食品安全的源头在农产品，基础在农业，要用"四个最严"确保人民群众"舌尖上的安全"。当前，我国正处于从"吃饱"到"吃好"的发展阶段，如何实现"守底线保安全"和"拉高线促提升"，以满足人民群众对美好生活的向往是全国各级政府和科技工作者共同的任务。浙江省委省政府高度重视农产品质量安全与品质提升问题，率先设立了"一品一策"以及一系列重大科研项目，支持开展农产品全产业链质量安全管控与营养品质提升。

我国是世界上最大的禽蛋生产和消费大国，2023年我国禽蛋产量3 563万t，约占全球禽蛋产量的41%。禽蛋是我国居民的重要优质蛋白来源，而且是孕妇、婴儿、老人等特殊群体的重要食品。因此，保障禽蛋产品质量安全具有重大的现实意义。虽然我国是世界上最大的禽蛋生产国，但是我国蛋禽养殖水平仍然以中小规模为主体，其养殖从业人员存在对禽蛋产品质量安全风险因子、技术规程、标准等认知不够的问题，急需制定一套禽蛋质量安全管控与品质提升技术指南，指导蛋禽标准化生产，提升禽蛋产品质量安全水平。

为促进我国禽蛋产业的高质量发展，提升禽蛋产品质量安全水平，近年来，在浙江省农业农村厅以及地市农业农村局专项资助下，立足蛋禽全产业链生产实际，组织编写了《禽蛋全产业链质量安全管控与营养品质提升技术指南》。本书系统介绍了禽蛋产业状况、禽蛋生理、禽蛋类型，详细讲述了禽蛋质量安全风险因子、政策及标准、检测技术、评估技术、管控措施等技术内容，详细介绍了禽蛋营养品质指标、禽蛋营养品质检测技术、禽蛋营养品质评价技术、禽蛋营养品质管控等内容。全书内容结构合理，理论阐述深入，文字易懂可读，可以为从事农产品质量安全监督、管理、科研、教学人员提供阅读参考，也可以作为食品安全专业专科和本科的参考教材。

编 者
2024 年 9 月

目　录

第一章　禽蛋产业状况　1
一、常见家禽种类　1
二、禽蛋产业的发展　7
三、不同国家和地区禽蛋产业发展概况　9
四、禽蛋产业的发展趋势和前景　11
五、禽蛋产业面临的挑战和机遇　12

第二章　禽蛋生理　15
一、禽蛋的构造　15
二、母禽的生殖系统　17
三、禽蛋的生成机理　19
四、禽类的产蛋周期和产蛋量　23

第三章　禽蛋类型　25
一、根据家禽的种类进行分类　25
二、根据禽类的养殖模式进行分类　27
三、根据禽蛋特定的用途进行分类　29
四、根据禽蛋特定的功能进行分类　31
五、根据蛋壳的颜色进行分类　33

第四章 禽蛋质量安全风险因子 37

一、兽药残留 ········· 37

二、农药残留 ········· 39

三、重金属污染 ········· 40

四、有害微生物污染 ········· 43

五、病毒污染 ········· 46

六、化学违禁品污染 ········· 49

第五章 禽蛋质量安全法规及标准 51

一、概述 ········· 51

二、政策框架相关组织 ········· 51

三、禽蛋中农兽药残留法规及标准 ········· 53

四、禽蛋中微生物污染法规及标准 ········· 56

五、禽蛋中重金属污染法规及标准 ········· 58

六、国内外禽蛋中兽药残留限量标准对比 ········· 59

七、国内外禽蛋中农药残留限量标准对比 ········· 64

第六章 禽蛋质量安全检测技术 71

一、禽蛋质量安全检测技术发展历程 ········· 71

二、外观检测 ········· 72

三、蛋壳硬度检测 ········· 73

四、禽蛋新鲜度检测 ········· 74

五、禽蛋中化学成分检测 ········· 74

六、禽蛋中药物残留检测 ········· 76

七、重金属污染检测技术 ········· 82

八、微生物检测技术 ········· 84

第七章 禽蛋质量安全风险评估 — 87
- 一、食品安全风险评估框架 — 87
- 二、暴露评估相关的数据库资源 — 91
- 三、禽蛋中农药残留的膳食暴露评估 — 92
- 四、禽蛋中兽药残留的膳食暴露评估 — 93
- 五、禽蛋中重金属的膳食暴露评估 — 94

第八章 禽蛋质量安全管控措施 — 96
- 一、生产设施设备 — 96
- 二、生产过程管控 — 97
- 三、加工及运输 — 99
- 四、售卖环节 — 101
- 五、政府部门监管 — 101
- 六、样品检测 — 102
- 七、标准制定 — 104
- 八、技术培训指导 — 105

第九章 禽蛋营养品质指标 — 107
- 一、研究禽蛋营养品质指标的意义和目的 — 107
- 二、禽蛋内在营养成分指标 — 109
- 三、不同禽蛋之间营养成分的对比研究 — 112
- 四、影响禽蛋营养品质的因素 — 116

第十章 禽蛋营养品质检测技术 — 119
- 一、香气成分检测 — 119
- 二、营养成分检测 — 122
- 三、功能活性成分测定 — 127

第十一章 禽蛋营养品质评价技术　131

一、营养成分评价　131
二、感官评价　133
三、光照鉴别法　137
四、理化鉴定法　138
五、禽蛋性能品质评价　138
六、蛋白质组分分析评价　141

第十二章 禽蛋营养品质管控　143

一、饲料营养管控　143
二、饲喂规范管控　146
三、生产环境管控　147
四、卫生防疫管控　151
五、疫苗接种管理　154
六、收集储藏管控　155
七、加工处理管控　157

参考文献　160

第一章 禽蛋产业状况

随着人们对营养健康的关注度不断提升,禽蛋作为一种营养丰富的食品备受青睐,禽蛋产业也因此迎来了发展的机遇和挑战。目前,我国禽蛋产业规模不断扩大,产量稳步增长,品质不断提升,市场需求持续旺盛。然而,在迅速发展的同时,禽蛋产业也面临着环境污染、产品安全、投入品安全等诸多问题,亟须加强管理和监督,推动产业可持续健康发展。本章将就禽蛋产业的现状进行深入分析,探讨其发展趋势和面临的挑战,以期为相关部门和养殖主体提供参考和借鉴。

一、常见家禽种类

家禽是指人工豢养的鸟类动物,主要为了获取其肉、卵和羽毛。家禽种类繁多,包括鸡、鸭、鹅、鹌鹑等,每种家禽都有其独特的特点和用途。鸡是最常见的家禽之一,不仅产蛋量高、生长快速,而且适应性强,受到广泛养殖。鸭肉香嫩鲜美,鹅肉则以肉质细嫩而著称。鹌鹑虽小巧玲珑,但具有高蛋白、低脂肪和营养丰富的特点,备受健康饮食者的喜爱。

(一)鸡

鸡(Chicken),如图1-1所示,是鸡形目雉科原鸡属家禽,也是陆禽的一种。家鸡源自野生的原鸡,其驯化历史8 000~10 000年,但直到公元1800年前后鸡肉和鸡蛋才成为大量生产的商品。鸡的种类有火鸡、乌鸡、野鸡等。而且鸡也是十二生肖之一。

目前,鸡已经成为世界上最主要的蛋和肉类来源之一。据统计,2023年肉鸡出栏量为130.22亿只,比上年增长2.45%;鸡肉产量为1 964万t,

图 1-1 鸡和鸡蛋

比上年增加 2.71%。2023 年度产蛋鸡月均存栏为 10.05 亿只,较 2022 年度的 9.46 亿只,同比增加了 0.59 亿只,增幅为 6.24%。不同性别的鸡体型大小相差较大,成年鸡体重可以达到 0.8~6 kg。公鸡体型较大,羽毛颜色鲜艳,头部有肉冠,喉部有肉垂,多具有鲜艳的羽毛和发达的尾羽;母鸡体型较小,羽毛颜色较暗淡,肉冠和肉垂不发达。鸡的喙短而锐利,方便啄食;翅膀短而圆,不善飞翔;脚强健,善于行走和刨地。

鸡的活动范围较小,一般在固定的区域内活动和觅食。鸡的视觉敏锐,能够分辨颜色,听觉和嗅觉较差。鸡是杂食性动物,主要以植物性食物为食,包括谷物、种子、蔬菜、水果等,也吃昆虫、蚯蚓等动物性食物。鸡没有牙齿,食物直接吞入食道,在肌胃中磨碎。

鸡对人类的贡献主要体现在以下几个方面:其一,肉类来源:鸡肉是人类重要的肉类食物来源之一,其蛋白质含量高,脂肪含量低,味道鲜美,易于消化吸收。世界各地都有食用鸡肉的习惯,烹饪方式多种多样。其二,蛋类来源:鸡蛋是人类重要的蛋类食物来源之一,其营养价值丰富,含有蛋白质、脂肪、维生素和矿物质。鸡蛋在烹饪中用途广泛,可以单独食用,也可以作为许多菜肴的重要配料,如面包、蛋糕、沙拉等。它们增加了食物的营养价值和口感,因此鸡蛋在人类饮食中具有重要地位。

(二) 鸭

鸭子(Duck),如图 1-2 所示,是雁形目鸭科的一种家禽,也是人类重要的畜禽之一。它们是一种适应性很强的水禽,无论是在野外还是人工饲养环境中,都表现出良好的生存能力。鸭子被人类饲养为家禽已有很长的历史，人类通过选育和驯化的方式，培育出各种品种的鸭子，以满足不同的需求。

图1-2　鸭和鸭蛋

鸭子通常有短而宽的喙，脚上有蹼，适应水中游泳。它们的羽毛通常呈现出各种颜色，包括白色、灰色、黑色和棕色等。鸭子的呼吸系统与其他鸟类类似，它们有两个肺和空气囊，可以帮助它们在水中游泳时保持浮力和呼吸。鸭子是一种适应性强、饲养成本低、生长快、耐粗饲料、繁殖力强、具有草食性和抗病能力强的家禽。它们能适应各种环境和气候条件，对粗饲料消化吸收能力强，能够食用各种植物和昆虫，繁殖周期短且孵化后的鸭苗成活率高。人工饲养的鸭子主要以谷物、植物渣滓和动物性饲料为主食。

鸭子是一种非常重要的禽产品，鸭对人类的贡献主要体现在以下几个方面：其一，鸭肉是世界上最常见的肉类之一，因其肉质的鲜嫩和营养价值而受到人们的喜爱。其二，鸭蛋富含优质蛋白质、脂肪、维生素和矿物质等营养素。其蛋白质含量高于鸡蛋，脂肪含量也较高，但富含不饱和脂肪酸，有助于降低胆固醇。鸭蛋还富含维生素A、B族维生素、维生素D、铁、锌等人体所需的重要营养素。其三，鸭毛可用于制作被芯、枕芯、羽绒服等。其四，鸭油可作为食用油，也可用于化妆品等工业。

（三）鸽子

鸽子（Pigeon），如图1-3所示，是鸽形目鸠鸽科鸽属动物，分布于全球各地。它们的体型较小，体长通常为20~30 cm，体重为200~500 g。鸽子的颜色也很多样化，有白色、灰色、黑色、红色等，其中最常见的是灰色。

图1-3 鸽子和鸽蛋

人类将鸽子驯化并饲养为家禽已有数千年的历史。鸽子在古代被用作传递重要信息的信使鸟，因此受到人类的重视和保护。如今，鸽子被人类当作家禽饲养的主要目的是作为观赏鸟和食用禽类。

与其他禽类相比，鸽子具有独特的生理特征，其中之一是它们的胸部鼓动，这是一种交流信号，表示鸽子的兴奋或愉悦。鸽子还有一种特殊的腿骨结构，称为内踝关节，可以让它们在爬行时更加灵活。鸽子的生活习性也非常独特。它们是巢鸟，喜欢在高处建巢，如树上或建筑物上。鸽子是一种社会动物，通常会在一起生活和飞行。鸽子是粗食动物，喜欢吃谷物，如玉米、小麦、大豆等。它们也会吃一些虫子和种子，鸽子的饮食习惯因地区而异，在不同的地区会有不同的饮食习惯。

鸽子的畜产品物也具有重要价值：其一，鸽子肉是优质蛋白质来源，且富含多种矿物质，如铁、锌、磷和硒等，是一种营养丰富、健康有益的食物，适合多种人群食用，也可以作为高蛋白、低脂肪的饮食选择。其二，鸽子蛋也含有丰富的蛋白质，且含有维生素A、维生素B6、维生素B12、铁、锌、硒等多种维生素和矿物质，是一种营养丰富、易消化、低胆固醇的食品，有助于维持身体肌肉组织和细胞的正常功能。其三，鸽子的羽毛也具有重要的经济价值，可以用于制造羽毛球、羽毛笔和羽毛床垫等商品。

（四）鹅

鹅（Goose），如图1-4所示，雁形目鸭科雁属的禽类动物，通常生活在淡水湿地、湖泊和河流中，也是人类重要的家禽选择。鹅拥有优雅的外表和优良的肉质，在世界各地广受关注。

图1-4　鹅和鹅蛋

鹅通常被人类饲养以获取它们的肉、蛋和羽毛等产品。鹅的饲养方式包括放养和圈养两种方式。与鸭子相比，鹅的身形更大、更魁梧。它们拥有雄壮有力的体型，长颈、大翼和强壮的腿部。鹅的羽毛通常为白色，一些品种具有黑色或灰色的羽毛。鹅的头上常有装饰性羽毛，特别是雄鹅。与鸭子相同的是，脚都有蹼，有助于在水上游泳和行走。

养鹅的环境一定要卫生，并且通风良好；场地需要选择靠近水源、有大片草地、地势偏高的地方养殖。可以选小河、池塘或沟溪等自然水域，也可以自己造一个池塘。鹅舍场地应略高，这样利于排水、防热、防寒与防潮。因为鹅对领地意识看得很重要，不容许其他的动物或人类进入自己的领地，尤其是比自己个头小的动物以及陌生人。鹅也喜欢成群活动，尤其是冬天，它们会成群结队地迁徙到温暖地区。鹅是草食动物，以草、谷物、植物为主要食物来源，也吃小鱼、蛙、水生昆虫等。它们会用嘴巴啄食，或直接用力吸入水中的食物。鹅有很强的觅食能力，能够在陆上和水上找到可食用的植物。在饲养环境下，鹅通常被喂养玉米、小麦、大米等谷物。

鹅被归类为水禽的一种，被广泛饲养，其肉、蛋和羽毛对人类来说都是重要的畜产品。其一，鹅肉肉质鲜美，富含蛋白质、脂肪、维生素等营养成分，被认为是高蛋白、低脂肪的健康肉类。其二，鹅蛋与鸡蛋和其他禽蛋相比较大，蛋黄呈橙黄色，蛋白质含量高，味道鲜美。鹅蛋也被认为是一种营养丰富的食品，具有一定的市场需求。其三，鹅羽毛柔软细腻，用途广泛，可以用于制作羽绒制品、枕头、被子等，具有一定的经济价值。

（五）鹌鹑

鹌鹑（Quail），如图1-5所示，是一种小型鸣禽，属于雉科鹌鹑属，是常见的家禽之一，同时也是一种受欢迎的猎鸟，在世界各地广泛分布。鹌鹑具有许多独特的特性和习性，其养殖历史也非常悠久。

图1-5 鹌鹑和鹌鹑蛋

鹌鹑身形小巧，体型圆润，通常体重在100~150 g。它们的羽毛颜色多样，常见的是棕色和灰色，具有良好的伪装效果。鹌鹑的颈部较短，胸部宽大，翅膀短而有力，适合在地面上快速活动。鹌鹑有强壮的腿部肌肉，可支持其快速奔跑。鹌鹑主要生活在开阔的草地上，也常出没于农田、林缘和郊区的灌木丛中。它们以各种草本植物、谷物、种子为生，也吃一些昆虫。鹌鹑有很强的觅食能力，会用嘴巴啄食食物，并用脚将土壤翻动以寻找可食用的无脊椎动物。饲养的鹌鹑以谷物为主要食物，如小麦、大米、玉米等。

鹌鹑具有群居习性，喜欢成群活动，特别是雄鹌鹑喜欢与其他雄鹌鹑一起展示、争斗。鹌鹑有领土行为，会捍卫自己的领地。它们会发出清晰可闻的叫声，警告其他鹌鹑入侵领地。鹌鹑也是迁徙鸟类，在秋季和春季迁徙以寻找适宜的气候。鹌鹑有很强的繁殖能力，是著名的"多产"家禽。鹌鹑雌鸟一次可以产下10~12枚蛋，孵化期约为18 d。鹌鹑的繁殖率高、生长快，在饲养条件下可以快速繁殖。鹌鹑蛋是重要的畜产品，具有营养价值，也是烹饪原料。鹌鹑是一种小型家禽，其畜产品包括鹌鹑蛋和鹌鹑肉，具有丰富的营养价值。以下是鹌鹑及其畜产品的营养价值：其一，鹌鹑蛋含有丰富的蛋白质和丰富的维生素和矿物质，如维生素 A、维生素 B_2、铁、锌等，是优质蛋白的良好来源，易于消化吸收。其二，鹌鹑肉富含蛋白质，脂肪含量低，是一种低脂肪高蛋白的健康肉类，鹌鹑肉中的不饱和脂肪酸还有助于降低血脂和预防心血管疾病。

二、禽蛋产业的发展

（一）禽蛋产业的起源和发展历程

禽蛋是指各种家禽的蛋，是人类饮食中重要的蛋白质来源，也是食品工业的原料，禽蛋产业就此而生。禽蛋产业的起源和发展历程可追溯到古代。禽蛋利用则可追溯到数千年前，那时古埃及人和古希腊人就已食用禽蛋，并将蛋作为药物和宗教仪式的供品。古罗马人则更进一步，不仅食用蛋，还开始养殖家禽，并了解到禽蛋的营养价值。那时，禽蛋被视作豪华美食，只有富人才有能力负担。古人主要食用鸭蛋和鸡蛋，有时也吃鹌鹑蛋。

中世纪时期，禽蛋在欧洲仍被作为奢侈品，只有富裕阶层才能经常食用。这个时期，人们开始将禽蛋加入菜肴中，提高美食的质感和口感。随着中世纪后期贸易的兴盛，禽蛋的消耗增加，成为民众可获得的蛋白质来源之一。

禽蛋产业的转折点是工业革命时期。工业化进程使城市人口急剧增加，对食品的需求上升，禽蛋成为重要且可负担的蛋白质来源。这个时代，禽蛋养殖从原始的散户养殖发展为规模化、商业化养殖。蛋鸡被专门饲养，饲料也从自然觅食转化为专门配方。随着技术的进步，禽蛋的储存和运输方式也得到改善，冷藏技术的发明更使蛋类能够远距离运输。

现代禽蛋产业在20世纪快速发展。大规模蛋鸡养殖场出现，通过科学管理和技术创新，提高了养殖效率。这一时期，人们开始关注禽蛋的营养价值和食品安全，对蛋类进行丰富的研究。随着需求增加，养殖业采用自动化设备，从喂养、清洁到收蛋都实现了机械化，大大提高了产蛋量和质量。

在21世纪，禽蛋产业进入新的阶段。消费者对食品安全和动物福利日益关注。有机饲养、富含Omega-3不饱和脂肪酸的蛋类、提高动物福利的养殖方式成为新趋势。此外，由于生活方式变化和素食主义的影响，对素食替代品的需求增加，促使植物性蛋类的研究和开发。

禽蛋产业也面临各种挑战，如禽流感等疾病的暴发、环境问题和动物权益关切。为此，养殖业不断改进卫生条件，研发更可持续的养殖方式。例如，一些企业采用"放养"模式，给予蛋鸡更多活动空间，改善其生活质量。

如今，禽蛋产业已是全球化产业，蛋类可以在全球市场上买卖。中国、美国、欧盟、巴西等都是禽蛋生产和大市场。禽蛋的消耗也从过去的奢侈品，变成日常饮食的重要组成部分。

禽蛋在人类饮食中占有重要地位，是高蛋白、富含多种维生素的健康食品。随着社会发展和科技进步，禽蛋产业将继续完善，为人类提供更多、更好、更安全的食品和服务。

（二）禽蛋产业在不同历史时期的发展特点

禽蛋产业的发展可根据历史时期划分，各时期有各自的特点。

古埃及和古希腊时期：古埃及人和古希腊人将禽蛋视为神圣食物，在宗教仪式中发挥重要作用。古埃及壁画中就有禽蛋的记录。古希腊人则将蛋类作为美食，富人常举办盛大宴会，以蛋为菜肴之一。但这一时期，禽蛋消耗主要限于上层社会。

罗马时期：古罗马人对禽蛋的利用更为广泛。他们不仅将蛋类纳入日常饮食，还开始尝试家禽的养殖。古罗马人了解禽蛋的营养价值，并将其与各种食材搭配，发展出多种蛋类菜肴。这一时期，禽蛋在社会各阶层中开始流行起来。

中世纪时期：中世纪时期，禽蛋在欧洲仍被视作奢侈品。教堂对禽蛋的需求量很大，经常在宗教仪式中使用。骑士们也消耗大量禽蛋，以满足他们高蛋白饮食的需求。这个时期，人们开始学会保存蛋类，将鸡蛋腌制或烟熏以延长保存时间。

工业革命时期：工业革命彻底改变了禽蛋产业。城市化进程和人口增长使对禽蛋的需求量大增。禽蛋成为工人阶级可负担的蛋白质来源。为了满足市场需求，养殖业出现初步的规模化趋势，人们开始专门饲养蛋鸡，并使用简单设备改善产蛋环境。此外，这一时期，禽蛋的运输和储存技术也有所改善，冷藏技术使蛋类可以长距离运输。

20世纪：20世纪，禽蛋产业迎来快速发展。大规模蛋鸡养殖场兴起，养殖效率大幅提高。科学管理和自动化设备被广泛应用，使产蛋数量大幅增加。20世纪中叶，随着经济发展和生活水平提高，禽蛋消耗量持续增长。快餐业的兴起也对禽蛋需求助一臂之力，鸡蛋成为汉堡、炸薯条的理想搭配。同时，人们开始关注营养和食品安全，研究显示蛋类富含多种维生素和矿物质，促进了禽蛋的消耗。

21世纪：进入21世纪，禽蛋产业面临新一轮的挑战和机遇。消费者对食品安全和动物福利的关注成为新焦点。有机饲养、无抗生素饲养、富含Omega-3不饱和脂肪酸的蛋类成为市场新宠。消费者偏好多样化，低脂、无毒害、无残留的蛋类需求增加。同时，素食主义潮流也对禽蛋产业产生影响，促使企业开发植物性蛋类产品，以满足素食者需求。

此外，这一时期也出现更多对动物福利的考量。一些企业采用改善后的养殖方式，例如"放养"，为蛋鸡提供更多活动空间，提高它们的舒适度。可持续发展和环境保护意识也进入公众视野，促使养殖业优化养殖过程，减少对环境的影响。

当代禽蛋产业：如今，禽蛋产业已发展成为全球化、规模化、专业化的现代产业。从饲养、饲料配方、养殖设备到收蛋过程都采用先进技术，提高效率和质量。禽蛋生产国通过国际贸易，将蛋类出口到世界各地。消费者有更多选择，不仅包括传统鸡蛋，还有鸭蛋、鹌鹑蛋、火鸡蛋等。禽蛋也深加工为各种食品，如液蛋、蛋粉、蛋液等，被广泛应用于烘焙、餐饮和食品工业。

禽蛋产业的发展一直伴随人类文明史，从古代的奢侈品到现代的日常食品，从传统养殖到工业化规模养殖，经历了长期的演变。科技进步、社会变化和消费者需求的演变，都影响着禽蛋产业的面貌。随着社会可持续发展、动物福利和食品安全意识的提高，禽蛋产业将继续朝着高质量、高标准、可持续的方向前进。

三、不同国家和地区禽蛋产业发展概况

禽蛋产业在不同国家和地区发展情况不同，一些国家和地区是禽蛋生产大国，一些则具有独特的禽蛋文化。

中国：中国是全球最大的禽蛋生产国和消费国之一。禽蛋产业在中国有

悠久历史，古人就已食用鸡蛋、鸭蛋。中国传统文化中，禽蛋在节庆中有重要地位，例如鸭蛋清明节的"踏青"活动、鸡蛋立春的"立蛋"习俗等。现代禽蛋产业在全国各地发展，以满足庞大的国内市场需求。广东、山东、河北等省份是主要的禽蛋生产基地。中国也鼓励家禽养殖业转型升级，改善养殖条件，提高禽蛋质量。同时，中国也面临禽流感等疾病的挑战，采取措施保障食品安全。

美国：美国是世界主要的禽蛋生产国和出口国。美国禽蛋产业高度机械化，蛋鸡养殖场规模较大。美国对禽蛋质量和动物福利有严格规定，养殖业需满足人道对待动物的要求。美国消费者对禽蛋需求多样化，有机蛋、富含Omega-3不饱和脂肪酸的蛋类等健康食品受到欢迎。此外，素食替代蛋类也受到素食者青睐，美国企业在开发植物性蛋类产品上具有创新精神。

欧盟：欧盟国家对禽蛋有较高的消费水平，也是禽蛋生产和出口大户。由于消费者高度重视食品安全和动物福利，欧盟有严格的禽蛋业法规。许多欧盟国家禁止笼养蛋鸡，鼓励人道养殖方式。欧盟的禽蛋产业朝可持续发展方向努力，减少对环境的影响，并提高蛋类质量。同时，欧盟也鼓励有机饲养，并通过地理标志保护特定区域的特色蛋类。

巴西：巴西是全球主要家禽生产国之一，具有强大禽蛋产业。巴西的气候和资源有利于家禽养殖，玉米和小麦等饲料丰富。巴西禽蛋业在不断发展，养殖规模不断扩大，技术也在提高。巴西鸭蛋的消耗量相当可观，以鸭蛋制作的特色美食在全国流行。此外，巴西也出口大量禽蛋到世界各国。

印度：印度是世界人口大国，禽蛋在印度饮食中占有重要地位。鸡蛋是许多印度人获得蛋白质的主要来源。印度的禽蛋产业以小规模养殖为主，大部分为家庭养殖，市场以国内消费为主，也是禽蛋出口国。印度教素食传统影响了禽蛋消耗，部分印度人不吃蛋类。但随着城市化和生活水平提高，禽蛋消耗在印度不断增加。

日本：日本具有独特的禽蛋文化。鸡蛋是日本料理中不可或缺的食材，例如日式炸蛋、蛋包饭等。日本也消耗大量鹌鹑蛋和火鸡蛋。日本家禽养殖业以小规模、高质量为主，注重蛋类的新鲜度和安全性。由于土地资源紧缺，日本养殖场往往采用垂直养殖方式，提高空间利用效率。

澳大利亚：澳大利亚的禽蛋业以高质量、可追溯为目标。澳大利亚消费者高度重视食品安全和动物福利，养殖业需遵守严格的道德标准。澳大利亚的禽蛋生产企业利用先进技术，改善蛋鸡福利，减少废物排放。澳大利亚也鼓励有机饲养，并发展特色禽蛋产品，如富含Omega-3不饱和脂肪酸的蛋类。

禽蛋产业在不同国家和地区具有独特特色。一些国家以大规模养殖为主要形式，而一些国家则注重高质量、有机饲养。禽蛋在全球贸易中占有重要地位，是许多国家日常饮食的一部分，也受到各文化不同程度的欢迎。随着全球化和科技进步，各国禽蛋业将继续发展，为消费者提供更多选择。

四、禽蛋产业的发展趋势和前景

禽蛋产业具有广阔的发展前景，作为健康、营养的食物，禽蛋在未来将继续受到消费者欢迎。同时，禽蛋产业也面临着一些挑战，需要不断创新和改善以满足市场需求。以下是一些禽蛋产业的发展趋势和前景。

健康食品趋势：消费者越来越关注健康饮食，偏好高蛋白、低脂肪的食品。禽蛋具有高蛋白、富含维生素和矿物质的营养特性，成为理想的健康食品。富含Omega-3不饱和脂肪酸的蛋类、有机蛋类和无抗生素饲养的蛋类将越来越受消费者青睐。禽蛋业将注重改善饲料配方，以生产更健康的蛋类。同时，由于素食主义潮流，禽蛋业将开发更多素食替代品，如植物性蛋类，满足对蛋类需求的另一选择。

可持续发展和动物福利：随着社会对环境和动物福利的关注，禽蛋业将面临更大压力。消费者倾向于选择对环境影响更小、动物福利更好的产品。因此，养殖业将努力采用人道养殖方式，改善蛋鸡的生活条件。例如，更多使用"放养"养殖法，为蛋鸡提供更多活动空间。企业也将优化养殖过程，减少能源消耗和废物排放，朝着可持续发展方向前进。

食品安全和质量：食品安全是消费者重要关切。禽蛋业将继续加强食品安全措施，从饲料来源到养殖环境都需符合严格的安全标准。企业可能需要进行更多投资，采用先进技术确保蛋类质量。同时，为了满足消费者对高质量蛋类的需求，禽蛋业将研发各种特色蛋类，如富含特定营养素的蛋类、有益健康的蛋类等。

自动化和机械化：为提高效率和降低成本，禽蛋业将越来越多地采用自动化和机械化设备。从饲料投放、蛋鸡饲养到蛋类收捡，都可通过机械化实现。自动化系统可以改善产蛋率，并帮助养殖场更好地进行精准管理。此外，在蛋类加工、包装领域，自动化设备将广泛应用，提高生产效率。

全球贸易和市场多样化：禽蛋将继续成为国际贸易商品，全球各地将相互交换禽蛋资源。具有高质量和特色产品的禽蛋生产国将有更大市场。随着中产阶级的扩大，中国、印度等国家将成为禽蛋消费大户。这些人口大国对禽蛋的需求增加，将推动禽蛋业的发展。同时，禽蛋业也将关注新兴市场，开发不同口味、包装的蛋类产品，以适应当地消费者偏好。

创新和品牌建设：禽蛋业将注重创新，在产品、包装和品牌上进行差异化竞争。企业可能开发新颖的蛋类品种，或在品牌建设上进行投资，建立高认知的蛋类品牌，以赢得消费者忠诚度。同时，由于消费者对禽蛋安全和质量的关注，企业将更多地进行产品追溯和供应链管理，提高可信度。

禽蛋业专业化：禽蛋产业链将更加细化和专业化。除了蛋鸡养殖，饲料生产、蛋类加工、物流配送等各环节都将更加专业化，并接受更严格监管。专业化将促进整个产业的升级和标准化生产，使禽蛋业更具抗风险能力。

总体上，禽蛋产业具有广阔前景，是健康食品业的重要组成部分。禽蛋业将不断创新、改善，满足消费者需求，并可持续发展。通过采用新技术、改善动物福利、确保食品安全，禽蛋业将为全球消费者提供更多高质量的蛋类产品。

五、禽蛋产业面临的挑战和机遇

禽蛋产业在发展过程中面临着各种挑战和机遇，这些因素影响着该行业的未来走向。以下是可能遇到的一些主要挑战和机遇。

（一）挑战

食品安全问题：食品安全是禽蛋产业面临的主要挑战之一。从饲料安全到蛋类卫生，都需要严格把控。禽流感、沙门菌感染等疾病的暴发，可能对整个禽蛋业声誉造成负面影响，影响消费者信心。确保食品安全是禽蛋业的当务之急。

动物福利关切：社会对动物福利的关注日益提高，禽蛋业传统笼养方式面临质疑。消费者倾向于选择人道养殖的蛋类产品。因此，禽蛋业需要采用改善后的养殖方式，如"放养"，为蛋鸡提供更宜居的环境，以满足消费者对动物福利的考量。

环境压力：禽蛋业的快速发展会对环境造成一定压力。养殖场废物排放、能源消耗等环境问题，使禽蛋业面临可持续发展的挑战。如何减少废物排放、优化能源使用，成为业界需要解决的难题。

素食主义和素食替代品：素食主义、素食潮流在全球范围蔓延，部分消费者选择减少或完全不食用肉类和蛋类。这对禽蛋业来说是重大挑战。素食替代品的兴起，如植物性蛋类，可能分流部分蛋类消费市场。禽蛋业需积极应对，开发更多元化的产品，满足不同消费需求。

监管和政策：不同国家和地区对禽蛋业有不同监管要求。从饲养密度到使用激素，都有严格规定。业界需要随时关注并遵守不断变化的政策和法规，以合法合规地经营。

国际竞争：全球禽蛋业的竞争日益激烈。其他国家和地区的禽蛋生产和出口企业，可能对本地市场造成一定冲击。特别是，一些国家和地区具有成本优势或质量优势，加大了本地禽蛋业的竞争压力。

（二）机遇

健康食品趋势：消费者对健康食品的需求不断增加，禽蛋具有高蛋白、低脂肪的营养特性，正是符合健康饮食的产品。富含 Omega-3 不饱和脂肪酸、维生素的蛋类，以及有机蛋类，有广阔的市场前景。禽蛋业可通过改善饲料配方、选择优质种源，生产更多元、更健康的蛋类。

可持续发展机遇：消费者对可持续发展和环境友好的关注，也是禽蛋业的机遇。企业可通过优化养殖方式、采用清洁能源、减少废物排放等，发展可持续经营模式。这将成为禽蛋业差异化竞争、提升品牌价值的途径。

市场多元化：禽蛋需求在不同地区和人群中不断增加。随着全球化和城市化，禽蛋成为世界各地日常饮食的一部分。禽蛋业可通过开发区域特色产品、针对不同文化需求进行产品创新，拓展市场。

科技和自动化机遇：科技进步为禽蛋业带来机遇。自动化设备可提高养殖效率、降低成本。基因工程技术可改善蛋鸡品种、提高产蛋率。此外，在蛋类加工、储存、物流等环节，技术创新也将提高效率、降低损失。

品牌建设空间：禽蛋业可通过品牌建设，提高产品附加值。建立高认知的禽蛋品牌，可为企业赢得更多消费者，并体现产品差异化。良好的品牌形象和口碑，可为企业带来长期竞争优势。

产品多样化：除了传统鸡蛋，鸭蛋、鹌鹑蛋、火鸡蛋等也具有一定市场。禽蛋业可开发这些特色蛋类，满足消费者多元化需求。同时，在蛋类深加工上进行创新，开发更多蛋类食品，扩大产品阵容。

全球贸易机遇：禽蛋是国际贸易的商品之一。禽蛋业可把握全球贸易机遇，将蛋类出口到不同国家和地区，开拓更广阔市场。同时，也可通过进口高质量种源，改善本地蛋鸡品种。

总体来说，禽蛋产业面临的挑战和机遇并存。如何确保食品安全、改善动物福利、适应可持续发展趋势，是禽蛋业必须应对的挑战。而健康饮食趋势、市场多元化和科技进步，则为禽蛋业带来机遇。禽蛋业的未来发展，取决于其能否不断适应市场需求、采用新技术并确保产品质量。

第二章 禽蛋生理

家禽是指由人类驯化和培育，在家养条件下能够生存和繁衍，并为人类提供肉、蛋、羽等产品的鸟类，主要包括鸡、鸭、鹅等。卵生是家禽的唯一繁殖方式，蛋为受精卵提供稳定的环境和营养。因含有丰富的蛋白质、脂类、维生素和矿物质等，禽蛋也是人类重要的营养来源。禽蛋由蛋黄、蛋白、壳膜和蛋壳组成，蛋的形成经历蛋黄沉积、排卵、蛋白包裹、壳膜形成、蛋壳产生，以及分泌色素和胶质分泌等过程。禽蛋的品质与这些过程密不可分。

一、禽蛋的构造

禽蛋的构造如图2-1所示，禽蛋的结构极其精巧，能够为胚胎的发育

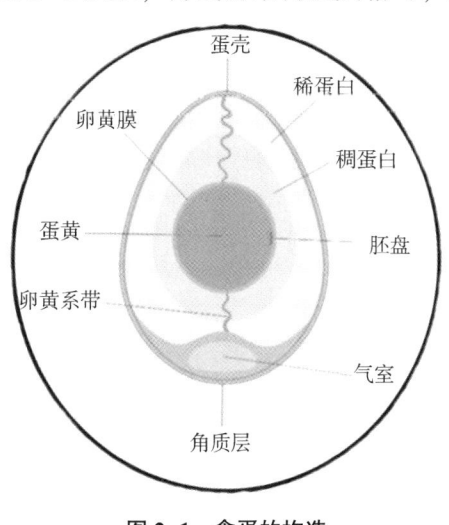

图2-1 禽蛋的构造

提供所需的营养和保护，同时通过蛋壳和其他结构保证了卵的稳定性和完整性。这些特点使得禽蛋成为一种独特而珍贵的食物资源。禽蛋包含内外部分，每个部分都扮演着重要的角色。

（一）外部结构

蛋壳：蛋壳是禽蛋最外层的保护层，主要由碳酸钙组成，坚硬且具有一定的透气性，能够保护蛋的内容物免受外界环境的伤害。蛋壳的颜色和厚度因禽类种类而异。

壳膜：位于蛋壳内侧，由两层薄膜组成，外壳膜紧贴蛋壳，内壳膜包裹蛋的内容物。壳膜具有保护作用，并参与气体交换。

气室：位于蛋的钝端，两层壳膜之间形成的空间。随着蛋的储存时间增长，水分蒸发，气室会逐渐增大。

角质层：角质层属于鸡蛋的外部结构，是鸡蛋壳的一部分，主要由钙质和蛋白质组成，具有保护内部蛋黄和蛋白的作用。

（二）内部结构

蛋黄：蛋黄是蛋的主要营养物质来源，富含蛋白质、脂肪、维生素和矿物质。蛋黄的颜色由饲料中的色素决定，通常呈现黄色或橙色。

蛋黄系带：蛋黄两侧由浓稠的蛋白组成的绳状结构，称为系带。系带的作用是将蛋黄固定在蛋的中央位置，防止其与蛋壳接触。

蛋黄膜：蛋黄膜是指包裹在蛋黄表面的一层薄膜，主要由蛋白质和脂肪组成。蛋黄膜的作用是保护蛋黄不受外界污染和氧化，同时也有助于维持蛋黄的形状和营养成分的稳定。蛋黄膜属于鸡蛋内部结构的一部分，位于鸡蛋壳内，与蛋黄紧密相连。

稠蛋白：稠蛋白又称为浓蛋白，是指位于蛋白质外层的较浓稠的部分，主要由卵清蛋白组成，质地较硬，透明，容易凝固。

稀蛋白：稀蛋白是指位于蛋白质内层的较稀薄的部分，主要由卵白蛋白组成，质地较软，呈乳白色，不容易凝固。

胚盘：位于蛋黄表面，是一个小的白色斑点，是胚胎发育的起始部位。

二、母禽的生殖系统

家禽的生殖系统是指其生殖器官,如图 2-2 所示,尤其是雌性生殖器官的结构和功能。雌性家禽的生殖系统是一个复杂的网络,涉及多种生理和生态因素,这些因素对家禽的繁殖和生存起着重要作用。

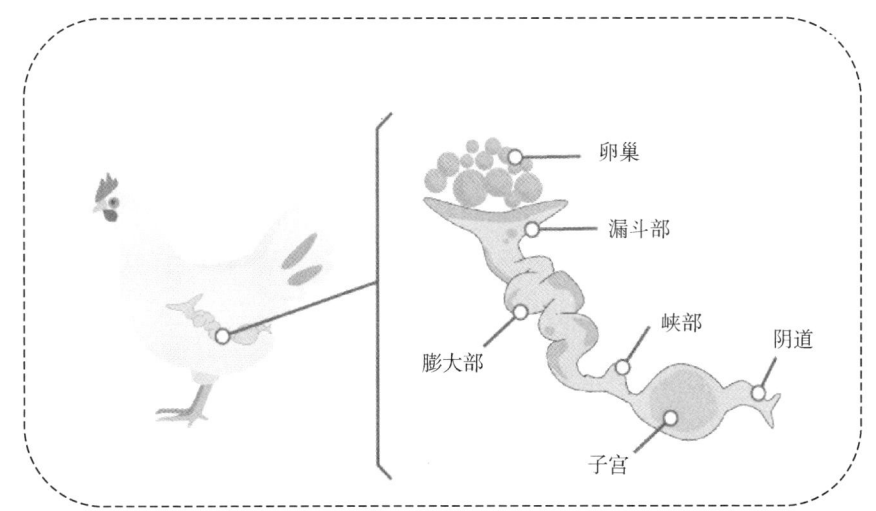

图 2-2 雌性家禽的生殖系统(鸡)

(一)卵巢

卵巢是雌性家禽的生殖器官之一,主要功能是产生卵子。卵巢位于腹腔内,由系膜悬挂在背侧壁上,依靠腹膜褶与输卵管相连接,通常右侧卵巢退化,仅保留左侧卵巢。卵巢内含有卵泡,每个卵泡内含有一个卵子。卵泡在卵巢成熟后会破裂,释放出卵黄,进入输卵管。此时,如果释放卵黄时,发生卵泡血管破裂,那么会在卵黄表面留有血迹,因此形成血斑蛋。另外,排卵过程若鸡只受到惊吓,易产生双黄蛋或者多黄蛋。

(二)输卵管

输卵管通常由内侧横向和外侧纵向两层平滑肌组成,是形成蛋的主要器官,主要作用是接收成熟卵子、进行精卵结合,并包裹蛋白、壳膜、蛋壳和其他成分，并将蛋产出体外。按照先后顺序家禽输卵管主要分为三部分，分别是漏斗部、膨大部和峡部。

漏斗部：漏斗部位于输卵管的一端，它的形状类似漏斗，有着伞状的结构。漏斗部的主要功能是在排卵后接收卵子。漏斗部内有着细小的纤毛，帮助卵子移动，并有分泌黏液的功能，以便吸附和固定卵子。漏斗部生长和发育对鸡蛋的形成具有重要的意义，它的异常可能导致卵子在输送过程中受到损伤或变形，从而影响蛋的形状和大小，或导致感染或受损，进而影响蛋壳的形成和质量，使蛋壳变得薄弱或容易破裂。

膨大部：膨大部是输卵管较粗大的部分，位于漏斗部和峡部之间，膨大部是卵子受精的主要地点，当精子和卵子在膨大部相遇并受精后，受精卵会在膨大部内继续发育。膨大部内有着丰富的血管和腺体，能够分泌多种蛋白质，并包裹在卵黄外侧。通过平滑肌的节奏型收缩，卵黄缓慢前行，并由内向外依次包括内浓蛋白（卵黄系带）、内稀蛋白、外浓蛋白和外稀蛋白。在膨大部蛋白分泌部机能旺盛的情况下，脱落的黏膜或卵巢出血的血块都有可能被误认为是卵黄，而被直接包裹蛋白，产生无黄蛋。

峡部：峡部位于膨大部与子宫部之间，主要功能是将受精卵从膨大部输送到子宫内。在峡部，受精卵经过一系列的纤毛运动和肌肉收缩，逐渐向子宫方向移动。峡部还有着分泌液体的功能，以保持输卵管内的湿润环境，有利于受精卵的运输。在峡部中，蛋壳的形成也可能会开始。峡部内的蛋壳腺细胞会分泌出蛋壳的主要成分，帮助形成完整的蛋壳。因此，峡部的异常可能会导致卵子发育和排卵过程异常，或令产生的鸡蛋卵壳质量下降，破裂和变形。

（三）子宫

子宫是雌性家禽的生殖器官之一，主要功能是孕育胚胎。子宫位于输卵管的末端，是一个肌肉薄壁的器官。当卵子在输卵管内受精后，会进入子宫内着床，发育成胚胎。子宫内有丰富的血管和黏膜，为胚胎提供养分和氧气。在怀孕期间，子宫会逐渐扩大，以容纳不断发育的胚胎。因此，子宫是鸡蛋生成的关键部位之一，它提供了一个适合受精卵发育和成熟的环境，保证了鸡蛋的形成和孵化。当子宫受损或者异常时，可能会导致生殖系统功能障碍，影响受精卵的着床和发育，或鸡体内矿物质的代谢和吸收，导致鸡蛋蛋壳质量下降，蛋壳薄弱易碎，从而影响蛋的质量。

(四) 阴道

阴道是雌性家禽的生殖器官之一，主要功能是排泄尿液和接受交配。阴道位于子宫的下方，是一个柔软的管道。在交配时，雄性家禽会通过阴道将精子输送到子宫内，与卵子结合受精。同时，阴道也是排泄尿液和产卵的通道，同时它确保了卵细胞能够顺利地从卵巢传输到子宫，并最终排出体外形成鸡蛋。阴道的损伤可能会导致鸡蛋在排出过程中受到挤压或扭曲，使得鸡蛋形状不规则或畸形。

总的来说，家禽的雌性生殖器官是一个复杂而完整的系统，包括卵巢和输卵管，各自发挥着不同的功能，共同完成生殖过程。通过这些生殖器官的协调工作，家禽可以顺利地产蛋，为人类提供优质产品，但若生殖过程发生异常，那么产生的蛋品质就会变差，从而影响经济效益。因此，家禽，尤其是雌性家禽的生殖生理过程十分重要，应给予重视。

三、禽蛋的生成机理

禽蛋的生成是雌性家禽生殖系统中的重要过程。禽蛋主要由卵黄、卵白、蛋壳和蛋膜组成。禽蛋的生成过程通常包括以下几个步骤。

(一) 卵泡的发育

卵泡的发育发生在母禽的卵巢中。母禽的卵巢是生殖系统中的重要器官，负责产生和发育卵子。在卵巢中，卵泡通过一系列发育阶段，最终形成成熟卵子，然后释放到输卵管中，最终进入子宫或被排出体外。卵泡的发育过程是母禽生殖系统中的关键步骤，直接影响着禽类的繁殖能力和鸡蛋的质量。

卵泡是卵细胞和周围卵泡细胞的结合体，是卵细胞的生长和发育的场所。卵泡的发育过程直接影响着卵细胞的成熟和质量，从而影响着蛋的生成过程和质量。禽类的卵泡发育是一个复杂而有序的过程，主要在卵巢内进行，可以分为以下几个阶段。

原始卵泡期：这是卵泡发育的最早阶段，由一个卵母细胞和几个辅助细胞组成，这些细胞都包裹在一层扁平的卵泡细胞内。

初级卵泡期：在性激素的影响下，原始卵泡开始发育成为初级卵泡，此时卵母细胞开始进行第一次减数分裂,形成一个初级卵母细胞和一个极体。

次级卵泡期:初级卵泡继续发育,卵母细胞完成第一次减数分裂,产生一个次级卵母细胞和一个极体。此时,卵泡开始形成透明带,周边的卵泡细胞形成放射冠,卵泡腔也开始形成。

成熟卵泡期:在性激素,特别是促黄体生成素(LH)的刺激下,次级卵母细胞开始进行第二次减数分裂,但分裂并不完成。在这个阶段,卵泡腔会逐渐扩大,同时卵泡壁会变厚,形成卵泡膜,为排卵做准备。卵泡膜的形成是为了保护和支持卵子,使其能够顺利地从卵泡中排出,进入输卵管。

(二) 卵子的成熟

在原始卵细胞逐渐发育成为卵泡的过程中,卵子和卵黄也会随着卵泡的发育,逐渐成熟。卵子的发育过程始于胚胎发育的早期阶段。随着胚胎的发育,原始卵母细胞逐渐发育成成熟卵子,最终在成熟卵泡中释放出来,等待与精子结合形成受精卵。整个卵子的发育过程是一个长期的过程,受到激素、营养和细胞内信号的调控,确保卵子的形成和成熟。

(三) 卵黄前体合成与卵黄形成

卵黄前体合成发生在母禽的肝脏中。肝脏是合成卵黄前体的重要器官,它合成并释放脂质和脂蛋白,这些物质是卵黄的主要成分,而卵黄形成发生在母禽的卵巢中。卵巢是卵黄形成的地方,卵泡在卵巢中发育成熟并释放卵子,并形成卵黄。

卵黄是禽类卵中的主要营养物质,为胚胎的发育提供重要的能量和营养物质。卵黄的质量和数量直接影响着蛋的质量和营养价值。禽类的卵黄前体合成与卵黄形成是一个复杂的过程,主要在卵泡发育的中期到后期进行,主要发生在卵巢中的黄体细胞(也称为卵黄细胞或黄体粒细胞)和卵细胞本身。

卵黄前体的合成:黄体细胞是主要的卵黄前体合成的场所。黄体细胞可以吸收血液中的营养物质,包括蛋白质、脂肪、矿物质和维生素等,然后合成卵黄前体,如卵黄磷蛋白和卵黄球蛋白等。这些卵黄前体是卵黄的主要成分。

卵黄的形成:在黄体细胞内,卵黄前体进一步被包裹在脂质滴中,形成初级卵黄。这个过程中,卵黄细胞会分泌一种特殊的膜,将卵黄前体和脂质滴包裹起来,形成初级卵黄小体。初级卵黄小体在细胞内累积,使得黄体细胞变得非常大。

胞吞作用：成熟卵细胞（次级卵母细胞）在排卵前，会通过胞吞作用吸收大量的初级卵黄小体，这个过程被称为卵黄吸收。卵细胞通过其细胞膜上的孔隙，将初级卵黄小体吸入细胞内，使得卵细胞变得非常大，几乎占据了整个卵泡。

卵黄的成熟：被吸收的初级卵黄小体在卵细胞内继续发育，成为成熟的卵黄。同时，卵细胞也完成了减数第二次分裂，形成了成熟卵细胞和一个极体。

排卵：当成熟的卵泡受到 LH 的刺激，卵泡壁破裂，次级卵母细胞（此时已变为成熟的卵细胞）被排出，这个过程就是排卵。卵细胞会从卵巢进入输卵管。

卵黄的运输：排卵后，被卵黄和卵细胞包裹的卵子一起通过输卵管，准备接受受精。在输卵管中，卵黄和卵细胞会受到输卵管上皮细胞的分泌物的进一步修饰和保护，形成完整的卵黄。

蛋黄色素的沉积：蛋黄的颜色主要取决于母鸡饮食中的类胡萝卜素（如叶黄素和玉米黄质）。类胡萝卜素是一类天然色素，通过母鸡的饮食进入体内，被转移到卵泡中，在蛋黄表面沉积，形成蛋黄的颜色。饮食中类胡萝卜素含量高的母鸡产的蛋黄颜色较深，反之则较浅。

（四）受精

输卵管是受精的地方，排出的卵细胞如果在输卵管内遇到并被精子受精，就会形成受精卵，这个过程称为受精。在受精过程中，精子会通过尾部的运动力和酶的作用，穿透卵子的外层，与卵子的细胞核结合。

（五）卵白的形成

卵白俗称鸡蛋白，是围绕在卵黄周围的透明黏稠液体，主要由水和蛋白质组成。在鸡蛋的形成过程中，卵白的生成是一个复杂且精细调控的生物过程，涉及鸡体内的多个器官，具体来说，卵白是在母禽的卵巢中形成的，随着卵子的成熟，卵泡内的液体中含有卵白的成分。当卵子排出卵巢后，通过输卵管进入子宫，沿途卵白会逐渐凝固形成蛋白，最终包裹在蛋黄周围，形成完整的禽蛋结构，以下是卵白形成的详细步骤。

卵白的分泌：卵黄进入输卵管后，接下来会经过输卵管的几个部分，首先是漏斗部。在输卵管的漏斗部至壶腹部，卵黄的表面开始分泌卵白。卵白主要由水和蛋白质构成，蛋白质主要是白蛋白，它在输卵管中被添加到卵黄周围。输卵管的细胞会分泌液体，这些液体富含蛋白质，逐渐形成层层卵白，包裹卵黄。

卵白的层次结构形成：卵白的分泌不是一次性完成的，而是在卵黄缓慢通过输卵管时分多次进行，形成多层结构。这些层主要分为内卵白和外卵白，内卵白更稠密，靠近卵黄；外卵白更稀薄，靠近卵壳。在卵白的形成过程中，还会形成一些特殊的蛋白质结构，如卵白索，其作用是将卵黄悬挂在卵白中心，保持卵黄的位置稳定。

（六）蛋壳膜的形成

蛋壳膜是鸡蛋中极为重要的组成部分，位于外部硬壳和内部卵白之间。蛋壳膜主要由两层构成，内壳膜和外壳膜，它们在输卵管的峡部形成。蛋壳膜不仅为蛋壳的形成提供了基础蓝图，还在保护胚胎、防止细菌侵入等方面发挥着关键作用。以下是蛋壳膜形成的详细过程。

蛋壳膜的成分和结构：蛋壳膜主要由胶原蛋白和其他蛋白质（如卵壳蛋白等）组成，这些蛋白质是蛋壳膜的主要结构组成，负责其强度和弹性。

形成位置和过程：当卵黄被卵白包裹后，进入输卵管的峡部。在峡部，开始分泌蛋壳膜的基础物质。这些物质主要包括胶原蛋白和特定的糖蛋白，它们在卵白的外围逐渐沉积形成两层结构。其中内壳膜紧贴卵白，而外壳膜则是更接近将来形成的硬壳。这两层在化学组成和纤维排列上略有不同，共同作用提供额外的机械强度和保护。

（七）蛋壳的形成

当蛋白质和蛋黄相遇后，它们会在卵子管里形成一个液态的蛋泡，蛋泡会沿着卵子管向卵巢腔移动。卵巢中的卵泡细胞会分泌含有碳酸钙和其他矿物质的液体，这些物质会沉积在卵子表面。同时，在这个过程中，卵泡会吸收适当的水分和养分，使卵泡变得更加稳定。接下来，卵泡会进入卵巢腔，与卵壳膜相遇。卵壳膜是一层薄膜，它包裹在蛋泡的外部，将蛋泡固定在一起。最后，卵壳膜会取代蛋泡，形成一个完整的蛋壳。蛋壳的主要成分是碳酸钙，它是一种非常硬的物质，能够保护卵黄和蛋白质不受外界环境的影响。蛋壳颜色的形成则受到遗传因素、饲料因素和环境因素的影响，这些色素沉积在蛋壳表面，形成不同颜色的蛋壳。

通过这一系列复杂的生物过程，蛋壳膜为最终的蛋壳提供了支撑和模板，确保了鸡蛋的结构完整性和功能性。在蛋壳最终形成之前，蛋壳膜的正确形成是关键步骤之一。

（八）蛋的产出

最后，成熟的蛋会通过子宫颈管从母禽的身体中排出，形成完整的禽蛋。

这是一个大致的过程，如图 2-3 所示，实际过程中可能会有细微的差异，而且受到禽类的年龄、健康状况、季节等多种因素的影响。

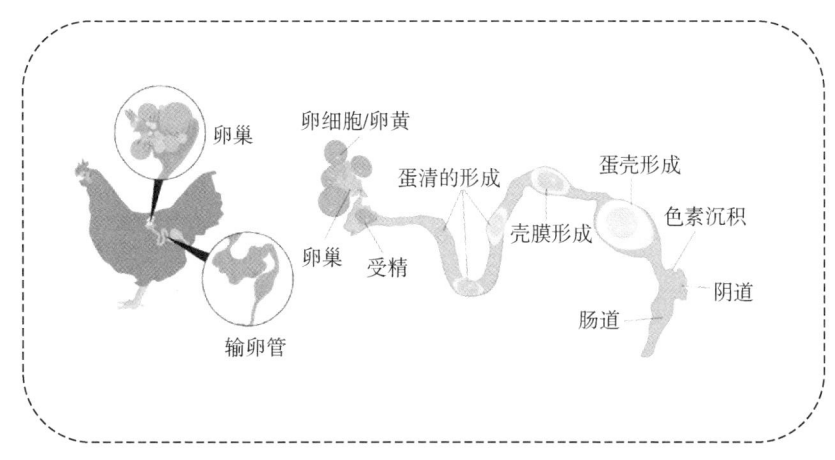

图 2-3　禽蛋的生成过程

四、禽类的产蛋周期和产蛋量

不同禽类的产蛋周期存在一定的差异，主要体现在产蛋频率、产蛋量和产蛋时间等方面。

（一）鸡

一般来说，鸡的产蛋日龄在 5~6 个月，鸡的产蛋周期通常为 24~26 h，也就是大约每天产一枚蛋。产蛋数量会随着鸡的品种和管理条件而有所不同。在良好的饲养条件下，一只母鸡一年可以产蛋 250~300 枚。鸡的产蛋高峰通常在早晨，这是因为它们在白天的活动和光照刺激下排卵。

（二）鸭子

鸭的产蛋日龄一般在 5~7 个月，鸭子的产蛋周期大约是 24 h，但可能略长于鸡，有时可能需要 26~28 h。每年的产蛋量为 200~300 枚，主要取决于品种和饲养条件。鸭子的产蛋时间不固定，但通常在早晨和下午。

（三）鹅

鹅的产蛋日龄一般在 6~7 个月，鹅的产蛋周期相对较长，产蛋周期为每隔 2~3 d 产 1 枚蛋，每只鹅每年产蛋 50~80 枚，一开始的产蛋量很低，到了第二年和第三年，会进入产蛋的高峰期，到第四年的时候产蛋量会有所下降，需要考虑淘汰。鹅正常的产蛋期只有七八个月，其他时间都是处在休产状态中。

（四）鸽子

鸽子的产蛋日龄一般在 6~7 个月鸽子的产蛋周期大约为 18 d，但他们不是每天产蛋，而是一对鸽子轮流产两枚蛋，然后开始孵化。每对鸽子一年可以繁殖 6~10 对雏鸽。

（五）鹌鹑

鹌鹑的产蛋日龄在 1~2 个月，产蛋周期为每隔 1 d 产 1 枚蛋，鹌鹑一般 1 d 下 1 枚蛋，正常情况下 1 年可产蛋 300 枚左右，母鹌鹑出壳后养 40~45 d 就可以生蛋，开产后 8~10 个月后产蛋量就会开始下降。

以上结果总结见表 2-1，产蛋周期的差异主要受禽类的生理特性和品种影响，而在适当的饲养环境下，可以通过管理光照、温度、营养等来调整和改善产蛋性能。

表 2-1　禽类的产蛋周期和产蛋量

项目	鸡	鸭	鹅	鸽子	鹌鹑
开产月龄/月	5~6	5~7	6~7	5~6	1~2
产蛋周期	24 h	24~28 h	28~40 h	12~16 d	24 h
产蛋量/（枚/a）	200~300	200~300	50~80	60~100	200~300

第三章　禽蛋类型

禽蛋指家禽所产下的卵，也是人类重要的食物来源之一。它不仅味道鲜美，而且营养丰富，是优质蛋白质、维生素和矿物质的良好来源。从古至今，禽蛋在人类的饮食结构中扮演着重要的角色，为我们的健康成长和生命活动提供必要的营养支持。常见的禽蛋种类繁多，包括鸡蛋、鸭蛋、鹅蛋、鹌鹑蛋等。每种蛋都有其独特的风味和营养价值，可以根据不同的标准对其进行分类。

一、根据家禽的种类进行分类

（一）鸡蛋

鸡蛋的外形呈椭圆形，大小因品种和产蛋鸡的年龄而异。蛋壳颜色多样，常见的有白色、褐色、粉色等。蛋壳表面覆盖一层薄膜，内部是蛋清和蛋黄。蛋清呈透明的胶状，蛋黄则呈黄色或橙色，富含脂肪和胆固醇。鸡蛋是优质蛋白质的良好来源，蛋白质含量为12%~13%，且氨基酸组成与人体需求接近，生物价值高，易于消化吸收。蛋白质是构成人体组织的重要成分，参与机体各种生理功能，对生长发育、组织修复和免疫功能至关重要。

（二）鸭蛋

鸭蛋作为禽蛋家族的重要成员，以其独特的风味和丰富的营养价值而备受青睐。鸭蛋的个头比鸡蛋略大，形状呈椭圆形或长椭圆形。蛋壳颜色多样，常见的有青色、白色、黑色等。蛋壳较厚，表面光滑。蛋清黏稠，蛋黄较大，颜色呈橘红色或深黄色。鸭蛋是优质蛋白质的良好来源，蛋白质含量约为13%，略高于鸡蛋一种营养丰富的滋补佳品，其优质蛋白质、丰富的维生素和矿物质对人体健康具有多种益处。合理食用鸭蛋，可以为身体提供全面的营养支持。

（三）鸽蛋

相较于鸡蛋，鸽蛋的大小和形状有所不同，通常更小，呈现近乎完美的椭圆形。鸽蛋的外壳光滑，颜色多为淡蓝色或白色，有时会带有细微的斑点。鸽蛋不仅美味，还有助于增强免疫力、促进生长发育和维护身体健康，但应适量食用，以免营养过剩。养殖的鸽子以普通饲料为食，生活在鸽舍中。生产的鸽蛋大小一般为25~30 g，外壳颜色多为淡蓝色或白色。普通鸽蛋的蛋黄颜色较浅，味道鲜美，营养价值丰富，富含优质蛋白质、维生素（如维生素B_{12}）和矿物质（如铁、钙、磷），并含有卵磷脂、叶黄素等有益成分。

（四）鹅蛋

相较于鸡蛋，鹅蛋的大小更大，呈现近乎圆形或椭圆形。鹅蛋的外壳光滑，颜色多样，常见的有白色、黄色和绿色等，有时还带有细小的斑点或纹理。鹅蛋不仅美味，还有丰富的营养价值。相比鸡蛋，鹅蛋的蛋黄颜色更深，味道更浓郁，富含更多的脂肪和营养成分，如胆固醇和不饱和脂肪酸。鹅蛋富含优质蛋白质、维生素（如维生素B_{12}和维生素E）和矿物质（如铁、钙、磷）。这些营养成分有助于增强免疫力、促进生长发育和维护身体健康。鹅蛋的独特口感和营养成分使其成为高档餐厅和烹饪爱好者的选择。然而，需要注意的是，鹅蛋的价格相对较高，产量也较低，因此在一些地区可能较难获取。此外，鹅蛋的饲养和贩卖也受到一些法律和规定的限制，需确保合法合规。总的来说，鹅蛋是一种营养丰富、口感独特的食材，适合用于烹饪和制作高档食品。

（五）鹌鹑蛋

鹌鹑蛋是一种小巧而营养丰富的食物，广泛使用于世界各地的烹饪中。它们的外观呈现出独特的斑点图案，蛋壳薄而易剥。与鸡蛋相比，鹌鹑蛋的体积较小，但营养成分却相当丰富，尤其是在蛋白质、维生素和矿物质方面。每个鹌鹑蛋都含有丰富的维生素A、维生素B_2（核黄素）、维生素B_{12}、硒、铁和磷，同时还具有较高的胆固醇含量。尽管胆固醇含量较高，但由于其丰富的营养价值，适量食用对健康有益。鹌鹑蛋的蛋白质含量相对较高，且易于被人体吸收，非常适合儿童、孕妇、老年人和身体虚弱者食用。它们的风味细腻，可用于多种烹饪方式，如煮、炸、腌制或作为沙拉和汤的配料。由于其独特的营养结构和美味的口感，鹌鹑蛋在亚洲、欧洲和美洲的许多传统菜肴中都扮演着重要角色。

二、根据禽类的养殖模式进行分类

禽类的养殖模式直接影响着禽蛋的质量、营养价值以及市场定位。从传统的笼养系统到自由放养，再到有机养殖，每种养殖模式不仅体现了不同的养殖技术和管理理念，也反映了消费者对健康、动物福利和环境可持续性日益增长的关注。这些养殖方式的差异导致了鸡蛋在营养成分、口感、价格以及消费者偏好上的多样性。因此，探讨禽类的养殖模式对于理解禽蛋分类的意义以及指导消费者作出更符合自身价值观和需求的选择具有重要价值。

（一）笼养禽蛋

笼养禽蛋是通过将家禽置于密集的笼养环境中批量生产的，这种模式以高效和低成本为特点，使得禽蛋价格相对便宜，广泛应用于大规模商业市场。在营养价值上，笼养禽蛋通常提供标准的蛋白质、维生素和矿物质，虽然可能在特定营养素的含量上不如散养鸡蛋丰富，比如 Omega-3 不饱和脂肪酸。

在市场价值上，笼养禽蛋相对其他养殖模式，价格较为亲民和供应稳定，占据了较大的市场份额，尤其受到预算敏感型消费者的青睐。然而，随着公众对动物福利的重视，其市场地位面临着社会伦理考量的挑战，促使一部分消费者转向更昂贵但饲养条件更佳的蛋品。散养禽蛋的优点包括高效的生产效率和成本效益，以及稳定的市场供应。缺点则主要集中在动物福利问题，家禽的生活空间狭小，限制了自然行为，引发了道德争议。此外，这种饲养方式在环境可持续性和消费者偏好变化方面也面临挑战，长远看可能需要改进以适应市场需求的演变。

综合而言，笼养禽蛋在当前市场是一个经济的选择，但未来的趋势要求行业在经济效益与伦理责任间寻求更好的平衡。

（二）散养禽蛋

散养禽蛋源自让禽只在开阔地带自由觅食的养殖模式，这种"回归自然"的方式赋予了其独特的特点和市场定位。获取模式上，散养的禽类享受到了更广阔的生活空间，能够摄取到更多种类的天然食物，如虫子、草籽等，这不仅丰富了它们的日常饮食，也间接提升了蛋品的品质。在营养价值方面，散养鸡蛋通常被认为含有更高的 Omega-3 不饱和脂肪酸、维生素 D 和维生素 E，以及更优质的蛋白质，这些差异部分源于鸡只更加多样化的饮食。这种更贴近自然的营养构成，迎合了健康意识日益增强的消费者群体。

在市场价值方面，散养蛋以其更高的品质和独特的生产理念，定位为高端市场产品，价格通常高于笼养鸡蛋。消费者愿意为此支付溢价，反映了对动物福利、环境可持续性和健康饮食的重视。散养蛋的优点包括促进动物福利，提高蛋品的营养价值，以及满足消费者对自然和健康生活方式的追求。然而，散养模式的缺点也不容忽视，如生产成本较高，受季节和环境因素影响较大，导致产量和质量可能波动，且价格敏感型消费者可能会因价格较高而选择其他选项。

总体来说，散养禽蛋代表了一种更加生态友好和注重品质的生产方式，虽然在经济性和稳定性上有所牺牲，但在追求高质量生活和可持续发展的当下，其市场潜力和价值日益凸显。

（三）有机禽蛋

有机禽蛋作为高端蛋品市场的一颗璀璨明星，其生产严格遵循有机农业标准。获取模式上，鸡只不仅享受散养环境，还必须食用有机饲料，不得使用抗生素和生长激素，确保了从源头到成品的全程纯净。这种养殖方式强调自然生长和无化学物质介入，营造了一个接近自然的生长环境。营养价值方面，虽然科学研究对有机蛋与常规蛋的营养差异意见不一，但普遍认为有机蛋在某些抗氧化剂和 Omega-3 不饱和脂肪酸含量上可能更胜一筹，这归功于鸡只的天然饮食。

有机鸡蛋具有显著的市场价值，有机禽蛋因其严格的生产标准和对健康、环保的承诺，吸引了对食品质量有高标准要求的消费者，价格通常远高于非有机鸡蛋。这种高价位反映了生产成本的增加，包括认证费用、有机饲料成本以及更严格的管理程序。

有机禽蛋优点包括对环境的友好、动物福利的保障和潜在的健康益处，符合当前健康生活和可持续消费的趋势。然而，其缺点包括较高的成本导致的价格昂贵，以及生产规模受限，可能难以满足大规模市场需求。此外，有机认证的过程复杂，对农场管理提出了更高要求。

综上所述，有机禽蛋以它独特的生产方式和健康理念，在市场上占据了一席之地，尽管存在成本和供应量的局限，但其对品质的承诺和对环境及动物福利的贡献，使其成为追求高品质生活人群的优选。

三、根据禽蛋特定的用途进行分类

禽蛋，这一自然界馈赠的奇迹，不仅是餐桌上的日常美食，它们在人类社会中扮演着多维度的角色，展现了非凡的功能与用途。从滋养身体的营养宝库，到孵化新生命的力量源泉，再到文化和艺术的灵感媒介，禽蛋的分类超越了简单的食用界限，融入了生活的方方面面。本节将深入挖掘禽蛋的特性和它们在不同领域中的独特应用，从科学营养的精细分析，到农业生产中对生物周期的尊重，再到文化和健康生活理念的体现。每一枚蛋，都是一个故事，讲述着与人类文明交织的复杂网络，揭示着自然与人类智慧相结合的奇妙成果，将逐一揭开这些功能与用途的面纱，展现禽蛋在现代生活中的多元化价值。

（一）食用蛋

食用蛋作为一种普遍且营养丰富的食品，凭借其独特的营养价值、多样的食用方式以及广泛的可获取性成为全球饮食文化中不可或缺的一部分。蛋含有高质量的蛋白质、必需氨基酸、维生素（如维生素 A、维生素 D、B 族维生素）和矿物质（如铁、钙、磷），这些营养素对于人体健康至关重要。蛋的食用方式极其多样，可以煮、炒、蒸、烤等，能够适应各种料理需求，从简单的早餐到复杂的烹饪佳肴。在市场上，食用蛋根据养殖方式、营养强化等因素，可分为多种类型，如有机蛋、散养蛋、Omega-3 不饱和脂肪酸强化蛋等，满足了不同消费者的需求。尽管食用蛋在全球范围内普遍可获得，价格亲民，但其生产和消费也引发了对动物福利、环境影响及健康影响的讨论，推动了对更人道、可持续生产方法的探索。总之，食用蛋以其独特的营养价值、多样的食用途径和广泛的市场可接受性，成为人类饮食中不可替代的一环。

（二）孵化蛋

孵化蛋是一种专为繁殖而精心挑选的蛋，其特点体现在几个核心方面。首先，这些蛋经过严格筛选，确保母体健康且无遗传缺陷，目的是高孵化率和后代质量。它们在收集后迅速进行温度和湿度控制，模拟自然孵化环境，以促进胚胎的健康成长。孵化蛋特别注重卫生处理，避免细菌感染，保证孵化过程的安全性。在功能上，孵化蛋不仅是新生命的起点，也是保持物种延续和遗传多样性的重要途径，尤其是在家禽养殖业中，通过选择性繁殖以增强种群的特质，如抗病性、生长速度或产蛋能力。此外，孵化蛋在教育和科研领域也有其独特价值，作为生命科学教学的直观材料，让学生了解生命发展的奇迹。与食用蛋相比，孵化蛋在处理和储存上要求更高，需要精确的环境控制和细致的管理，以确保孵化成功。总而言之，孵化蛋是连接过去与未来的生命桥梁，承载着培育新生命、推进农业科学和教育传承的多重使命。

（三）实验蛋

实验蛋在科学研究和教育领域中扮演着特殊角色，其特点集中体现在精确控制与标准化上。这些蛋通常是特选的，确保内部结构适宜且无污染，以保证实验结果的准确性和可重复性。与普通食用蛋相比，实验蛋在规格、清洁度和无菌处理上有着更为严格的标准，常常经过特殊处理，如无菌包装或特定的营养配方，以适应生物实验的特定需求。在生物学、遗传学、胚胎学和医药研究中，实验蛋是不可或缺的工具，允许科学家观察胚胎发育、进行基因编辑实验或测试药物对细胞早期生长的影响。教育上，实验蛋广泛用于学校教学，帮助学生直观理解生命科学概念，如通过透明蛋观察胚胎发育过程。其独特之处在于高度的控制性和专门设计，旨在提供一个标准化平台，确保实验的科学严谨性和教育的有效性。总之，实验蛋不仅是科研探索的基石，也是教育中激发学习兴趣的重要媒介，体现了科学实践与教育的紧密结合。

（四）药用蛋

药用蛋作为特殊功能性食品的存在，其特点集中在其独特的健康益处和特定的医疗或保健应用上。这些蛋来源于特定饲养条件下的鸡，如喂食特定草本或营养强化饲料，以提高蛋中特定成分的含量，如 Omega-3 不饱和脂肪酸、胆碱、维生素和矿物质。药用蛋在营养成分上经过优化，旨在满足特定健康需求,如支持心脏健康、促进大脑发育和增强免疫系统。在加工和处理上,药用蛋往往遵循严格的卫生标准,确保安全无污染,有时还会经过灭菌处理以适合特定医疗用途。与普通蛋相比,药用蛋的消费通常基于其潜在的健康促进作用,而非仅仅作为日常食品。它们在中医传统中也占有一定地位,被视为药膳的一部分,用于辅助治疗或维持特定健康状态。然而,消费者在使用药用蛋时应基于科学证据和个人健康状况,有时还需专业医疗建议。药用蛋的多样化特性,不仅扩展了蛋品的市场细分,也为追求特定健康目标的消费者提供了更多选择。

四、根据禽蛋特定的功能进行分类

功能性鸡蛋指的是经过特殊饲养管理或加工处理,使其营养成分和功效比普通鸡蛋更丰富的鸡蛋。这类鸡蛋的特点在于富含特定营养素,通过调整鸡饲料配方,可以使鸡蛋富含特定的营养素。

(一) Omega-3 鸡蛋

Omega-3 鸡蛋因富含对心脏、大脑和眼睛健康至关重要的 DHA 和 EPA 而备受青睐。它们拥有更深的蛋黄色泽,甚至口感也更加香浓。通过在鸡饲料中添加亚麻籽、鱼油或海藻等,Omega-3 鸡蛋的 DHA 和 EPA 含量远超普通鸡蛋,能有效降低心血管疾病风险、促进大脑发育、改善视力,甚至还有一定的抗炎作用。选择 Omega-3 鸡蛋时,记得查看营养标签,认准信誉良好的品牌。

(二) 维生素 D 增强鸡蛋

维生素 D 增强鸡蛋是一种功能性鸡蛋,其特点是含有较高的维生素 D,这种维生素对人体健康具有重要意义。维生素 D 是一种脂溶性维生素,可以促进钙的吸收和利用,维持骨骼健康,并且还具有调节免疫功能和降低炎症反应等作用。维生素 D 增强鸡蛋的产生是通过改变鸡的饲养方式来实现的,通常会在鸡的饲料中添加含有维生素 D 的食材,如鱼油、藻类等。这些食材可以使鸡的蛋中含有更高的维生素 D。

(三) 叶黄素鸡蛋

叶黄素鸡蛋是一种功能性鸡蛋，其特点是含有较高的叶黄素，这种物质对人体健康具有重要意义。叶黄素是一种自然色素，在植物中广泛存在，具有抗氧化、保护眼睛、防治疾病等作用。叶黄素鸡蛋的产生是通过改变鸡的饲养方式来实现的，通常会在鸡的饲料中添加含有叶黄素的食材，如草类、黄豆、橙子皮等。这些食材可以使鸡的蛋中含有更高的叶黄素。

生产叶黄素鸡蛋的过程，通常是在母鸡的饲料中添加富含叶黄素的成分，如万寿菊提取物等。这些叶黄素被母鸡吸收后，会通过代谢过程进入鸡蛋，特别是蛋黄部分，从而使产出的鸡蛋富含叶黄素。与普通鸡蛋相比，叶黄素鸡蛋不仅保持了鸡蛋原有的高营养价值，包括优质的蛋白质、维生素和矿物质，更因其额外的叶黄素含量，对维护眼健康有显著的益处。

(四) 低胆固醇鸡蛋

低胆固醇鸡蛋是一种通过特殊饲养方法生产出来的鸡蛋，其胆固醇含量显著低于普通鸡蛋。这种鸡蛋的产生，主要是通过对鸡饲料进行调整，添加一些能够降低蛋黄中胆固醇水平的成分，如植物甾醇、亚麻籽油等，这些成分在鸡体内可以抑制胆固醇的合成，从而使得产出的鸡蛋中的胆固醇含量大大减少。

低胆固醇鸡蛋对于那些需要控制饮食中胆固醇摄入量的人群来说，是一个非常好的选择。高胆固醇是导致心血管疾病的一个重要因素，因此，通过食用低胆固醇鸡蛋，可以在享受美味的同时，有效控制膳食中的胆固醇摄入，有助于维护心血管健康。此外，低胆固醇鸡蛋的营养价值并不逊色于普通鸡蛋，它们同样富含高质量蛋白质、维生素和矿物质，是均衡饮食的重要组成部分。

(五) 富硒鸡蛋

富硒鸡蛋是一种通过特定饲养方式培育出的鸡蛋，其最大特点是含有丰富的硒元素。硒是一种对人体健康极为重要的微量元素，它具有很强的抗氧化能力，能有效清除体内的自由基，防止细胞老化，增强免疫力，同时对预防心血管疾病、癌症等多种疾病有积极作用。然而，人体自身不能合成硒，必须从食物中获取，而富硒鸡蛋正是一个优质的选择。

生产富硒鸡蛋的过程，主要是在鸡的饲料中添加富含硒的物质，如酵母硒、硒酸盐等，鸡在食用这些饲料后，硒元素会通过代谢进入蛋黄，从而使产出的鸡蛋成为富硒鸡蛋。与普通鸡蛋相比，富硒鸡蛋不仅硒含量高，而且其他营养成分如蛋白质、脂肪、维生素和矿物质的含量也相当丰富，是一种营养价值极高的食品。

（六）益生菌鸡蛋

益生菌鸡蛋是一种通过给母鸡喂食含有益生菌的饲料，使其产出的鸡蛋富含益生菌的创新产品。益生菌是指对宿主有益的活微生物，它们能够帮助维持肠道微生态平衡，增强消化系统功能，提高机体免疫力，对抗有害细菌，甚至有研究表明，益生菌还可能对改善心情、降低焦虑有积极影响。

在生产益生菌鸡蛋的过程中，母鸡的饲料中会加入特定种类的益生菌，比如乳酸菌、双歧杆菌等。这些益生菌在母鸡的消化道中繁殖，并通过代谢过程进入鸡蛋，尤其是蛋黄部分，使产出的鸡蛋富含益生菌。相比于普通鸡蛋，益生菌鸡蛋不仅保留了鸡蛋原有的营养价值，如高质量的蛋白质、维生素和矿物质，还额外提供了益生菌的健康效益，为消费者提供了一种新的健康食品选择。

五、根据蛋壳的颜色进行分类

禽蛋根据蛋壳颜色的不同，可以分为以下几类。

（一）白壳蛋

这是最常见的禽蛋类型（图3-1）。白壳蛋的外貌特征是蛋壳颜色为纯净的白色，没有任何斑点或其他颜色。蛋壳表面光滑，没有任何凹凸不平或其他异常。白壳蛋通常由家禽品种如白羽母鸡、White Leghorns、海兰褐等蛋鸡品种。部分鹅品种，如灰色母鹅。部分鸭品种，如北京白体鸭等产下。这些品种通常被选择作为卵产品种，因为它们能够生产大量的白壳蛋。在市场中，白壳蛋通常比其他颜色的蛋壳更便宜，因为它们更容易获得和生产。但是，价值取决于蛋壳的质量和蛋黄的质量，而不是蛋壳颜色。因此，高质量的白壳蛋可能比低质量的其他颜色的蛋壳更贵。

图 3-1　白壳蛋

（二）褐壳蛋

褐壳蛋的最显著特征就是蛋壳颜色，呈现出浅棕色到深棕红色的多种色泽，有的还带有条纹或斑点，给人一种天然朴素的感觉（图 3-2）。蛋壳表面质地较粗糙，手感较为坚实。蛋形通常为椭圆形或卵形，大小均匀一致。从营养角度来看，褐壳蛋与白壳蛋基本相当，都富含蛋白质、维生素和矿物质等有益营养素。一些研究显示，褐壳蛋的抗氧化能力或许略高，但差异不太明显。总的来说，两者的营养价值相近。褐壳蛋的口感质地较为坚实，蛋白蛋黄分离度较高，风味较为浓郁，口感偏向传统农家蛋的风格。相比之下，白壳蛋的口感较为细腻柔滑。口感的好坏因人而异，很多人偏爱褐壳蛋

图 3-2　褐壳蛋

独特的口感体验。由于蛋壳较为坚硬，褐壳蛋的耐储存性较好，保质期较长，新鲜度能维持较长时间。这使得它们适合长途运输和储存，损耗较小。褐壳蛋主要由一些传统的肉蛋兼用品种产下，如罗德岛红、普理茅斯岩等。这些品种除了产蛋量可观，本身也能长成体形硕大的良种肉鸡，是最常见的农家散养品种。

（三）绿壳蛋

绿壳蛋也称为青壳蛋，是一种特殊品种的鸡蛋，其蛋壳呈现独特的绿色，这种颜色同样是天然形成的（图3-3）。绿壳蛋不仅因其颜色而受到关注，还因其营养价值和口感特性受到一些消费者的喜爱。

图3-3　绿壳蛋

绿壳蛋主要产自特定的鸡种，最著名的是"Easter Egger"，这是一种非正式的品种，通常是通过将蓝壳蛋鸡种如 Araucana、Ameraucana 与其他鸡种（如棕壳蛋鸡种）杂交而得到的。这种杂交使 Easter Egger 鸡能够产出包括绿色在内的多种颜色的蛋壳，如蓝色、绿色、棕色等。绿壳蛋的颜色是由蓝色基因和棕色基因共同作用的结果。具体而言，蛋壳内部的蓝色来自鸡体内的"胆绿素"（Oocyanin），这是一种蓝色色素；而蛋壳外部的棕色来自另一种名为"卟啉"（Porphyrin）的色素，这种色素负责产生蛋壳的棕色或浅红色外层。两种色素的叠加产生了绿色蛋壳。

绿壳蛋在营养成分上与其他颜色的鸡蛋相似，包含丰富的高质量蛋白质、维生素A、维生素D、维生素E、维生素K和B族维生素，以及矿物质如磷、钙和铁。它们也含有必需氨基酸和健康的不饱和脂肪酸，包括Omega-3不饱和脂肪酸，可能对降低心血管疾病风险、改善脑功能和降低炎症有积极的影响。然而，需要注意的是，蛋壳颜色本身并不影响蛋的基本营养成分，这些健康益处主要来自鸡的饲养方式和饲料的质量。绿壳蛋在市场上相对罕见，通常在农贸市场、有机食品店或通过特定的农场销售。它们的独特外观和营养特性使它们在寻求特别食品和支持可持续农业的消费者中很受欢迎。绿壳蛋的价格可能会比普通鸡蛋略高，这反映了它们的稀有性和生产成本。

（四）粉壳蛋

粉壳蛋是一种独特的鸡蛋，因其粉色或浅玫瑰色的蛋壳而得名（图3-4）。它们大小与常见的棕色蛋和白色蛋相似，蛋壳颜色可以从浅粉色到深粉红色不等，有时甚至带有淡黄色调。蛋壳表面通常光滑，具有微妙的光泽。粉壳蛋的味道通常被认为更浓郁、更甘甜，有些人甚至认为它们有奶油般的质地。有些人认为它们比棕色蛋或白色蛋更美味。

图3-4　粉壳蛋

粉壳蛋是由特定的鸡品种产下的粉壳蛋鸡，包括由洛岛红品种与白来航品种间正交或反交所产生的杂种鸡、中国农业科学院北京畜牧研究所以星杂444为素材育成的两系配套杂交鸡、加拿大雪佛公司育成的三系配套杂交鸡等鸡生产。与棕色蛋和白色蛋相比，粉壳蛋相对稀少，因为产下粉壳蛋的鸡品种较少。这使得粉壳蛋在市场上可能稍微昂贵一些，并且可能不像其他类型的蛋那样容易找到。

第四章　禽蛋质量安全风险因子

随着老百姓对营养和健康的日渐重视，禽蛋作为一种质优价廉的蛋白质来源，消费量越来越大。但当前我国禽蛋生产很大比例来自中小型养殖场和养殖户，养殖设施条件、管理技术水平、疾病防控理念和质量安全意识等良莠不齐，可能存在各种质量安全风险隐患。目前，影响禽蛋质量安全的潜在风险隐患包括兽药残留、农药残留、重金属、有害微生物、化学违禁品等污染问题。

一、兽药残留

（一）概述

兽药残留是指在动物饲养或治疗过程中所使用的药物残留在动物体内的组织、产品或排泄物中的化学物质以及这些化学物质的代谢物。鸡蛋中的兽药残留主要是由兽药超量、超期或超范围使用，饲料中违规添加抗生素，用药后没有严格执行弃蛋期规定引起。鸡蛋中检出的兽药残留种类有磺胺类、喹诺酮类、四环素类、氯霉素类、激素类和驱虫类药物等。

禽蛋作为动物源性食品的一种，农产品的质量安全问题与人类的生命健康息息相关，大部分兽药对动物和人类均具有毒性作用，若长期、大量摄入含有兽药残留的动物源食品可能会造成急性或慢性中毒，严重者也可能直接导致身亡。

(二) 兽药残留的来源

1. 疾病预防和治疗

兽药常被应用于预防和治疗家禽疾病中，如抗生素和抗寄生虫等。一是可能在不知情的情况下过量或非法使用兽药；二是养殖主体长期存在不科学添加药物的现象，不顾药物种类和规定，重复使用商品名不同但含有相同成分的药物，导致兽药超量使用，从而畜禽产品中兽药残留超标；三是兽药生产厂家过度追求利益，无视国家法律法规在兽药中加入禁用物质，生产不合格、劣质兽药，推销给不知情的养殖主体，造成兽药残留量超标现象屡禁不止。

在禽类动物生产过程中，难免会出现动物感染疾病的情况，例如硝基咪唑等抗菌类药物是允许被用于动物治疗，但是不得在动物源性食品中检出。四环素类药物不得在禽类产蛋期使用。据研究报道，一些商家销售的禽蛋品类中甲氧苄啶残留量不符合食品安全国家标准规定，长期摄入甲基苄啶超量的食品对人体皮肤、呼吸系统甚至中枢神经都有严重的危害。

2. 饲料添加

有些兽药被添加到动物的饲料中，以促进生长或预防疾病，因此饲料也是兽药残留的来源之一。兽药在动物的饲料添加中起重要的作用，但是不合理使用饲料则容易造成产品质量问题与生态安全问题。一些养殖企业为提高生产效率违规使用瘦肉精等作为饲料添加剂，对人类的健康产生了严重危害。另外，滥用饲料资源还会导致氮、磷、铜等元素的排放量增加，对空气、周围土壤以及水体造成污染，破坏生态环境。禽蛋养殖过程中，饲料成本占蛋鸡生产的比重近70%，精准营养，提高饲料的利用率已经成为蛋鸡生产中的关键因素之一，但是饲料加工过程中由于人们对饲料原材料的了解程度较浅，加工细节把控不精准而出现的饲料质量下降的问题仍然很严重。

3. 食品保鲜

有些兽药被用于动物食品的保鲜处理，但是在加工处理的过程中可能在动物体内残留，并进入食品中，对人体健康存在很大的安全风险。前期研究结果表明，在食品加工生产过程中，添加兽药或添加剂可以用于防止食品发生严重腐败，但是处理不当就会导致食品中残留兽药，间接对人体造成危害。

综上所述,对于在禽类生产过程中,必要的兽药添加可以对预防疾病,感染治疗以及生产销售过程中的保鲜都有重要的作用,但是生产过程需要注意购买兽药要从正规企业购买,所生产的最终产品痕量检测要符合国家食品安全标准。

二、农药残留

(一) 概述

农药残留是指在农作物、农产品以及周围环境中,农药施用后残留的微量农药原体、代谢产物、降解物和杂质的总称。农药残留物可能存在于植物的表面、组织内部以及土壤、水体等环境中。在家禽类动物进食的过程中,可能会误食受污染的农作物,或饲料中添加了含有农药残留的原料,最终导致禽蛋受污染。

禽蛋可能受到农药残留的影响,这可能是因为饲料中使用了含有农药的原料或者饲料中农药残留超标。禽蛋中残留较多的为有机氯类、有机磷类、拟除虫菊酯类、氨基甲酸酯类、苯并咪唑类、苯基吡唑类及苯甲酰脲等农药。人们长期食用农药残留超标的禽蛋,可能引起慢性中毒,导致疾病的发生。

(二) 农药残留来源

1. 农田施用

农药在农田中的施用是农药残留的主要来源之一,农民在种植作物时为了防治病虫害而使用农药,导致农药残留在农产品表面或内部。据统计,全球每年因农药残留导致的健康问题不计其数。这些健康问题可能表现为食物中毒、过敏反应等,严重的甚至可能危及生命。因此,如何减少农药残留,提高农产品的安全性,已成为全球范围内亟待解决的问题。

2. 水体污染

农药施用后可能会通过雨水冲刷或渗漏到附近的水体中,造成水体污染，这些污染的水体可能被用来灌溉农田，如果在农田中种植了禽类饲料的原料，那么这些有害的农药残留可能会进入禽类动物体内，间接影响家禽的产蛋质量。如果家禽的饮用水也取自没有完全净化的被污染水体，作为禽类动物的直接水源，有害农药也会被带入禽类动物的体内。

3. 土壤残留

农药在施用后可能会残留在土壤中，部分农药会随着雨水的冲刷进入土壤深层，也可能通过植物的根系吸收到作物内部，造成农产品的污染。目前国内饲养的禽类，大多是杂食动物，如果不慎摄入了含有农药残留的作物，长时间就会在体内激增，导致生产的禽蛋质量不合格。

4. 空气扩散

部分农药在施用后可能会以气态或微粒态的形式悬浮在空气中，并随风向扩散，进而影响到周边地区的农作物和环境。以微粒态存在的农药残留物如果附着在农作物上被禽类动物摄入或直接接触到禽蛋表面，都会对禽蛋质量安全造成影响。以气态存在的农药残留物，直接会影响禽类动物的呼吸系统。如果禽蛋本身质量存在问题，例如蛋壳表面有裂隙，那也会对禽蛋造成潜在的威胁。

综上所述，农药残留的来源多产生于禽类动物产蛋过程中，因此需要对禽蛋生产的前过程进行严格的把控，注意饮用水质量、土壤环境以及空气质量问题。

三、重金属污染

（一）概述

禽蛋可能受到重金属污染的影响，如铬（Cr）、砷（As）、镉（Cd）和铅（Pb）等重金属的积累可能会对禽蛋的质量产生负面影响。这可能是因为饲料中含有重金属污染的原料，或者禽蛋生产过程中受到环境重金属的污染。这些重金属元素是对动物、环境和人类健康危害极大。重金属污染会影响禽蛋的质量，使得蛋壳变薄、变软，甚至出现畸形。这不仅影响了蛋的观赏性和食用性，还可能导致蛋的易碎性增加，容易在运输和储存过程中破裂。重金属污染会导致禽蛋中重金属含量升高，从而影响禽蛋的营养价值。长期摄入含重金属的禽蛋可能对人体健康造成危害，尤其是对儿童和孕妇更为严重。重金属污染会影响禽蛋的孵化率，使得孵化出的幼雏出现畸形，甚至死亡。这不仅影响了禽蛋的繁殖能力，还可能导致某些禽种的数量减少，影响生态平衡。

禽蛋作为人类日常饮食的重要组成部分，因其营养价值高、易于消化吸收而广受欢迎。然而，随着工业化进程的加快和环境污染问题的日益严重，禽蛋的安全性问题，尤其是重金属污染问题，逐渐成为公众和科研机构关注的焦点。因其具有高度的毒性、难以在自然环境中降解以及容易在生物体内累积等特性，对生态系统和人类健康构成了长期的潜在威胁。重金属被动物吸收进入机体后，可以蓄积在肝脏和肾脏等器官中，引起肝肾损伤、贫血、免疫功能和神经系统障碍等急性或慢性病变。没有被动物吸收的重金属则通过排泄物进入土壤和水体中，对环境造成污染。

（二）重金属污染的来源

1. 饲料

蛋鸡中的重金属元素主要为中镉（Cd）、铬（Cr）、铅（Pb）、汞（Hg）。饲料安全对禽蛋质量有着直接影响。相关部门如农业部门、食品药品监管部门加强对饲料原料的监管，建立完善的饲料安全监测体系，确保饲料中添加剂不超标。同时，加强对饲料生产企业的监督检查，推动饲料企业建立健全的质量管理体系，确保饲料安全，进而保障禽蛋的安全质量。

饲料种植中磷酸盐肥料的使用会产生镉的富集，生产过程中使用镀镉处理的加工设备也会造成饲料中镉含量增加。随着日粮中镉暴露的增加，所养殖动物的肝和肾的镉残留量超过动物产品中的最大允许限量，饲料中的镉转移到人类食品中就有较高的风险。

铅是有毒重金属元素之一，铅主要蓄积在植物的根部，只有少量迁移到地上部分。含铅农药，如醋酸铅的使用，可造成牧草或农作物铅含量的升高。虽然铅的携带量相比于其他重金属元素较低，但是带有铅元素的农作物如果应用到饲料加工中，也会对动物乃至人体造成危害。

汞在饲料中的存在形式主要是甲基汞，水体中的甲基汞对动物体会产生很大的危害。如果水禽在饲养过程中长期接触重金属超标的水源和土壤等，通过代谢蓄积会引起相应产品的重金属超标。饲料汞污染显著降低蛋鸡的产蛋能力，日粮和水中的汞达到养殖动物的耐受量时会导致组织残留量高于最大残留量，通过机体的代谢就会将有害的重金属物质带入相应产品中。

铬元素常见化合价为"三价""六价""二价"，自然界中以三价铬为主，工业废水中的铬显六价，土壤中的 Cr^{6+} 可被植物体富集。Cr^{3+} 是动物的必需元素，可起到增强免疫力、促进生长、改善肉品质、促进新陈代谢等作用，已广泛应用于畜禽饲料。适量的 Cr^{3+} 可以有效提高蛋产量和蛋品质。但过量的 Cr^{3+} 对动物也存在负面效应。

2. 饲养环境

重金属污染主要产生在水环境和土壤中。水禽在饲养过程中长期接触重金属超标的水源和土壤等，通过代谢蓄积会引起相应产品的重金属超标。

首先，重金属污染导致饲养环境中土壤中重金属含量升高，影响土壤的肥力和微生物活性，进而影响植物生长和禽类的饲料质量。禽类在食用受重金属污染的植物时，会将重金属积累在体内，进一步影响禽类的健康和生长发育。进而会影响禽蛋的质量。其次，重金属污染会导致饲养环境中水体中重金属含量升高，影响水质和水生生物的生存繁衍。禽类在饮用受重金属污染的水源时，也会将重金属摄入体内，对禽类的健康产生负面影响。最后，重金属污染还可能通过空气传播到禽类饲养环境中，影响禽类的呼吸系统和免疫系统。长期暴露在重金属污染的空气中，禽类可能出现呼吸困难、免疫功能下降等问题，影响禽类的生长和生产性能。

3. 加工过程

在禽蛋加工过程中，可能会使用受重金属污染的设备或容器，或者加工过程中受到重金属污染的环境影响，导致禽蛋受到重金属污染。皮蛋是我国传统的禽蛋制品，由于传统工艺需要，皮蛋加工过程需要借助氧化铅来控制反应过程，保证产品质量，因此，工艺过程中人为增加了铅含量。此外，现代加工过程中一般使用铝合金材料的生产器具，这些器具会增加禽蛋产品中重金属超标的概率。在包装和储存过程中，如果使用受重金属污染的包装材料或储存容器，或者储存在受重金属污染的环境中，也可能导致禽蛋受到重金属污染。

综上所述，重金属污染问题备受人们关注，禽蛋中的重金属一旦超标，可能会对人类健康带来诸多不利影响。例如，铅和镉的摄入与神经系统损伤、生殖系统问题、血压升高和肾脏疾病相关；汞的摄入可影响脑部发育，特别是在儿童和胎儿中；砷可能引起皮肤病变、心血管疾病和一些癌症。而禽蛋生产的各个环节都容易引起重金属含量超标的问题。禽类使用的饮用水和饲料盛放器具、饲料中掺入的必需微量元素超标以及间接导致的重金属污染。因此，重金属污染需要禽蛋养殖从业人员重点关注。

四、有害微生物污染

（一）概述

禽蛋作为人类饮食中重要的蛋白质来源，其安全性受到消费者极大关注。然而，细菌污染是威胁禽蛋安全的主要问题之一，尤其是沙门菌、金黄色葡萄球菌、大肠杆菌等病原体的污染。这些细菌不仅可以通过食物链影响人类健康，还可能导致食源性疾病的暴发。

（二）有害微生物种类

1. 沙门菌

沙门菌是人畜的主要肠道致病菌，由它所引起的食物中毒，其分布地区、病例数和危害性都占各类食物中毒的首位，它广泛发生于家庭、学校、公共餐饮单位及医院。据资料统计，在我国细菌性食物中毒中，有 70 %~80 % 是由沙门菌引起的，由此可见，沙门菌的污染已对食品安全构成了严重威胁，对社会、对经济的影响是非常人。从近几年来看，这种危害在世界各国和我国仍在不断增加。

鸡是沙门菌最大的储存宿主之一，沙门菌的污染一直受到禽类养殖业的高度关切。环境卫生差是沙门菌产生的最重要的因素，禽舍的地面、笼子，供食和供水机械都会成为沙门菌的传播源。随空气传播的沙门菌，会影响禽类动物的呼吸道。饲养环境内存在的沙门菌会潜在吸附在禽蛋的表面。而禽和蛋本身沙门菌的带菌率高达 50 %~100 %。这些沙门菌通常寄生在家禽的肠道和输卵管内，致使禽蛋更易受沙门菌污染。禽蛋产品中含有多种丰富的营养成分，非常适宜于沙门菌的生长繁殖，人们一旦食用了这些带有沙门菌的禽蛋食品，便可能会引起食物中毒，重者还可引起急性胃肠炎、伤寒、急性败血病而死亡。

控制沙门菌，首先，应当对养殖场进行严格的把控。从环境卫生，饲养环境以及禽类机体卫生等各个环节，保证禽类的生存和生长环境，从源头上根除沙门菌在禽类动物机体上的传播途径，从根本上阻断沙门菌污染禽蛋的途径。加强消毒也是保障环境卫生的重要方式，在进出禽舍的过程中，注意全身消毒，带入或带出禽舍的器具也要进行定期消毒，使养殖场内的沙门菌存活率降到最低。在饲料生产过程中，也要注意防范沙门菌，可以通过改变环境 pH 值，在饲料中添加乙酸、丁酸和乳酸，既能有效抑制沙门菌的生长，同时也能够改善禽类的肠道环境，有助于稳定禽类肠道微生物平衡。饲料生产过程中进行高温灭菌，也可以杀死沙门菌，减少沙门菌的存在。合理利用抗菌剂，也能够降低饲料的污染，减少沙门菌的传播。

2. 大肠杆菌

规模化、集约化的养鸡模式大幅度提高了养鸡户的经济效益，也造成了细菌性疾病的流行。大肠杆菌病是养鸡场多发的一种细菌性疾病，是由大肠杆菌引起的，在鸡群中发病率较高，病程持续时间长。大肠杆菌病使鸡群整体体质减弱，引起产蛋率明显下降，病死鸡增多，也是诱发其他疾病的一个重要因素，严重影响养殖效益，暴发时极易造成养殖户严重亏损。

大肠杆菌在禽蛋的各个阶段均可能出现，种蛋刚出生时，蛋壳就有感染的风险，大肠杆菌可通过蛋壳上的细微毛孔侵入胚胎发生感染。一种是种鸡本身就携带大肠杆菌，导致种蛋在出生时就携带有大肠杆菌。另一种可能发生在运输、加工的过程中，如果运输的器具本身就携带了病原体，也有可能传播给禽蛋。雏鸡阶段是大肠杆菌的高发期，主要是由于雏鸡未发育完全，全身被毛没有长全，对外界环境温度湿度的变化无任何防御能力。当雏鸡的卵黄吸收所剩无几时抵抗力严重降低，还有断喙和使用疫苗，各种情况造成的应激反应比较多，容易使雏鸡免疫力降低，是大肠杆菌病容易多发的时期。成年后的禽类相比于幼鸡阶段，抵抗大肠杆菌的能力有所提高，但是如果对禽舍温度、湿度、通风换气等管理上疏忽大意，大肠杆菌就会乘虚而入，导致禽类感染降低其抵抗力并引起其他疾病发生。在禽类生长的各个阶段如果没有做好有效的防范和管控，均有可能大肠杆菌对禽类都可能造成感染，进而会影响禽蛋的质量。

对大肠杆菌的防控，主要从消灭传染源、切断传播途径、感染后及时防控三个方面。从源头切除，要对患有大肠杆菌的禽类进行有效的隔离，切断传染源，同时，对周围环境进行消杀灭菌处理。切断大肠杆菌的传播途径，对于禽舍要及时通风处理，消毒消杀，禽舍内长时间空气不流通，会导致空气中潜在的一些细菌、病毒吸附在尘埃上，会加剧感染风险。及时通风换气，可以减少空气中有害细菌及病毒的聚集，保障禽类的生长健康。感染后要及时防控，首先要了解鸡群感染的疾病为原发性疾病还是继发性疾病，是单一感染还是混合感染。在此基础上通过细菌培养、药物试敏，选择高敏型大肠杆菌防治药物。其次，大肠杆菌具有一定的耐药性，在进行药物治疗时要恰当选择药物并交替使用药物。

3. 葡萄球菌

葡萄球菌病是由葡萄球菌属中的金黄色葡萄球菌引起的一种急性或慢性传染病，主要表现为脐炎、皮肤疾患、关节炎、腹膜炎、脚垫肿。葡萄球菌感染是禽类养殖过程中较为常见的一种细菌性疾病，特别是在禽类生产过程中极容易传染给禽蛋。同时其具有很强的流行性，常引起病禽类死亡，给养殖业造成较大损失。

4. 曲霉菌

曲霉菌病是养禽生产中的常见病，引起该病的病原微生物主要有烟曲霉菌、黄曲霉菌、黑曲霉菌和构巢曲霉菌等，其中烟曲霉菌是最普遍、最主要的病原菌，是一种常见的呼吸道感染，幼禽感染曲霉菌的发生率高，群发性高，死亡率也高；成年禽类的抵抗能力强，多为慢性发生，散发为主。曲霉菌感染禽蛋的主要原因可能是存储条件不当、温度潮湿或蛋壳受损，曲霉菌可以生长在蛋壳表面，也可能渗入蛋内，导致蛋内部受到污染。

5. 青霉菌

青霉菌是一类真菌，属于霉菌的一种。青霉菌通常以蓝绿色或灰绿色的菌丝和孢子形态为特征，因此得名。青霉菌广泛存在于自然界中，可以在土壤、植物、食品和空气等各种环境中找到。禽蛋感染青霉菌的原因可能有存储条件不当，禽蛋如果存放在潮湿、温度过高或过低的环境中，容易造成青霉菌的生长和繁殖。青霉菌在潮湿的环境中生长迅速，因此保持禽蛋的存储环境干燥和通风非常重要。运输过程中禽蛋的蛋壳如果受到损坏或有裂纹，就容易被青霉菌侵入蛋内，导致蛋内部受到感染。因此，在处理和存储禽蛋时要避免蛋壳受损。周围环境中存在污染源，青霉菌可能来自土壤、环境或其他食品中。如果禽蛋受到了青霉菌污染的食材或环境，也容易导致禽蛋被感染。在禽蛋的生产过程中，如果生产环境或设备不洁净，可能也会导致青霉菌污染禽蛋。因此，为了避免禽蛋被青霉菌感染，需要注意保持禽蛋的存储环境干燥通风，避免蛋壳受损，避免污染源接触禽蛋，以及保持生产环境的清洁卫生。这样可以有效预防青霉菌感染禽蛋的发生。

综上所述，细菌和真菌感染是禽蛋安全质量的重要问题之一。相关部门如卫生部门、食品药品监管部门加强对禽蛋生产过程中的卫生管理，推动禽蛋生产企业建立健全的卫生管理制度，加强对生产环境、设施和人员的卫生监督。另外，加强对禽蛋的检测和监测，确保禽蛋中细菌含量符合卫生标准，也是重要的防控措施。

五、病毒污染

（一）概述

禽蛋作为营养丰富的食品，在全世界范围内被广泛食用。然而，它们也可能成为病毒污染的载体，这种污染可能在鸡蛋的产生、加工或储存过程中发生，并对消费者的健康构成威胁。病毒污染的禽蛋可能导致食源性疾病的暴发，因此识别和管理这些病毒污染对确保公共卫生至关重要。

（二）病毒污染的来源

禽蛋病毒污染的原因有多种。一方面，禽蛋可以在产蛋过程中内部受到病毒污染，这通常是因为感染了某些病毒的母鸡通过生殖道将病毒传递给了蛋。另一方面，外部病毒污染主要是由于蛋壳接触了受病毒污染的环境，如鸡舍、设备、人员或在破损蛋壳的情况下病毒渗透至蛋内。

一些典型的病毒包括禽流感病毒、新城疫病毒和传染性支气管炎病毒等，它们都能直接感染禽类，可能通过蛋传播。虽然这些病毒通常对人类不具传染性，但它们对禽类的健康和禽蛋的生产造成重大影响。此外，还有一些病毒如诺如病毒和肝炎病毒，虽然不直接感染家禽，但在不恰当的加工和卫生条件下，它们可以通过污染的禽蛋传播给人类，引起食源性疾病。

（三）物理性污染

禽蛋作为重要的蛋白质和营养来源，其质量安全问题一直受到高度关注。除了生物和化学风险因素外,物理性质量风险因子也可能对禽蛋的安全性构成潜在威胁。这些物理风险因子涉及异物污染、机械损伤、辐射污染以及其他不利的物理条件等多个方面。

(四) 异物污染

物理异物污染是影响禽蛋质量安全的重要风险因子之一。异物混入不仅会降低蛋品感官质量,还可能造成消费者人身伤害,给公众健康和食品安全带来严重隐患。因此,全面分析和控制禽蛋异物污染问题具有重要意义。

1. 异物污染的主要类型

禽蛋异物污染主要包括以下几类:金属异物、玻璃异物、塑料异物、其他无机异物以及有机异物等。金属异物如钢丝、铁丝、铝箔等,主要来源于养殖设施、饲料加工和蛋品收集、运输过程中的金属残留物。玻璃异物通常由于玻璃器皿破损混入。塑料异物则可能来自包装材料等。此外,砂石、纤维等无机颗粒物,以及昆虫残体、羽毛等有机杂质,也都有可能污染蛋品。

2. 异物污染的危害

异物混入禽蛋不仅会造成蛋品感官品质下降,影响食用体验,更为严重的是可能对消费者的身体健康构成威胁。金属和玻璃异物尖锐坚硬,极易造成消化道刺伤;塑料异物可能释放有害物质;无机颗粒物和有机杂质也可能带来不同程度的健康风险。此外,异物还可能成为微生物滋生的温床,加剧蛋品卫生安全隐患。

综上所述,全面认识异物污染的危害,落实源头预防和过程控制,对于保障禽蛋质量安全、维护公众身体健康至关重要。相关监管部门、生产企业和消费者应共同努力,从多方位多角度防范和遏制禽蛋异物污染风险。

(五) 机械损伤

物理机械损伤是影响禽蛋质量安全的又一重要风险因子。主要表现为蛋壳破损、裂纹以及蛋内部结构损伤等,不仅直接降低蛋品品质,还为微生物污染和变质腐败埋下隐患,给公众健康和食品安全带来潜在威胁。因此,有必要全面分析和控制禽蛋机械损伤风险。

1. 机械损伤的主要类型

禽蛋在生产、收集、运输和储藏等环节中，均有可能遭受不同程度的机械损伤。其中，蛋壳破损和裂纹是最常见的损伤形式。蛋壳作为蛋品的天然保护层，一旦破损，将直接暴露内部物质，增加微生物污染和氧化变质的风险。此外，即使蛋壳完整，蛋内部结构也可能因为震动、挤压等机械作用而受损。典型的内部结构损伤包括血斑、肉斑等，不仅影响蛋品感官质量，还可能导致营养成分流失和蛋品新陈代谢紊乱。

2. 机械损伤的危害

蛋壳和内部结构的机械损伤，会直接导致蛋品质量下降、货架期缩短。更为严重的是，机械损伤给微生物污染和变质腐败创造了条件，加剧了食品安全隐患。

一旦蛋壳破损，外界微生物和空气就能轻易进入蛋内，导致沙门菌、单核细胞增生李斯特菌等病原体污染。即使没有病原体，空气中的氧气也会加速蛋内氧化反应，使蛋品营养成分降解、异味产生。内部结构损伤同样会引发上述问题。因此，机械损伤不仅影响蛋品感官和营养品质，更为严重的是可能造成微生物污染和其他化学变质，危及公众身体健康。

综上所述，机械损伤不容忽视，全面认识其对禽蛋质量安全的影响，落实源头预防和过程控制，对于保障蛋品质量、维护公众身体健康至关重要。相关监管部门、生产企业和消费者应共同努力，从多方位多角度防范和遏制禽蛋机械损伤风险。

（六）辐射污染

随着现代科技的不断进步，辐射污染已成为影响禽蛋质量安全的一个新兴风险因子，其潜在危害不容忽视。辐射污染主要是指放射性核素和电离辐射对禽蛋的污染，会对蛋品质量和人体健康带来一系列不利影响。因此，有必要全面分析和防控禽蛋辐射污染风险。

1. 辐射污染的主要来源

禽蛋可能受到的辐射污染主要来自两个方面：一是放射性核素污染，二是电离辐射照射。放射性核素如铯-137、锶-90等，主要源自核设施事故、放射性废物以及某些矿产品的天然辐射，通过大气、水源、土壤、饲料等环节进入禽蛋产品。电离辐射则可能来自医疗、工业和科研等领域的辐射装置和材料。不当操作或意外事故都可能导致禽蛋受到辐射照射。

2. 辐射污染的危害

辐射污染会对禽蛋产生多方面的不利影响。

其一，影响营养品质。辐射会破坏蛋品中的蛋白质、脂肪、维生素等营养物质的分子结构，导致营养价值降低。

其二，引发化学变质。辐射会促进蛋品内部发生一系列化学反应，产生异味、变色等不利变化，降低感官品质。

其三，诱发基因突变。辐射可能诱发禽蛋细胞基因突变，进而影响后代品质。

其四，危及人体健康。长期食用受污染的禽蛋产品，不仅会引发消化道疾病，还可能增加患癌风险，对生殖系统和神经系统也有潜在危害。

综上所述，辐射污染是禽蛋质量安全面临的新挑战。我们需要高度重视这一风险因子，采取切实有效的技术和管理手段，从生产源头到流通终端全程控制，才能最大限度避免辐射对禽蛋质量和公众健康的不利影响。

六、化学违禁品污染

（一）概述

禽蛋有机污染物残留问题是全球食品安全领域中日益受到重视的一个重要议题。有机污染物（Persistent Organic Pollutants，POPs）是一类具有持久性、能够通过大气、水体和其他途径远距离传播，并有可能对人类健康和环境造成负面影响的有毒化学物质。这类物质包括多氯联苯（PCBs）、多溴联苯醚（PBDEs）、多环芳烃（PAHs），以及某些农药和杀虫剂等。

（二）污染来源

禽蛋作为人类饮食中的常见成分，由于其高脂肪和高蛋白质的特性，容易通过食物链的生物放大过程中富集有机污染物。禽类在食用了受有机污染物污染的饲料或水源后，这些污染物可以积累在其脂肪组织中，并最终转移到蛋中，从而进入人体。

(三) 危害

有机污染物残留对人类健康的潜在风险主要包括内分泌干扰、神经毒性、影响生殖和发育、增加某些癌症的风险，以及免疫系统功能的降低。由于儿童和婴幼儿的神经系统和生殖系统尚未完全发育，他们对于有机污染物的敏感性可能更高，因此对于这些群体来说，禽蛋中的有机污染物残留尤为值得关注。

综上所述，有机物污染是影响禽蛋质量安全的风险因子，在生产的各个环节均需要我们深入探究相关控制方法，提高禽蛋的安全质量，保障生产安全，提高消费者权益，保障人们的食品健康安全。

第五章 禽蛋质量安全法规及标准

本章主要概述国内外禽蛋质量安全的相关法规，禽蛋质量安全政策及标准是保障禽蛋产品安全、卫生的重要措施。主要包括对禽蛋中微生物、重金属、农药残留等指标的监管要求，旨在确保禽蛋产品符合国家食品安全标准，保障消费者的健康。我国禽蛋质量安全相关法规和标准的制定和执行由国家食品药品监督管理部门负责，涉及生产、加工、销售等环节。消费者在购买禽蛋时应注意选择符合相关法规和标准要求的产品，以确保食品安全。

一、概述

在全球范围内，禽蛋质量安全的政策框架是由国际组织、各国政府和相关利益方共同制定和实施的。这一框架旨在确保禽蛋的安全性和质量，保护消费者的健康，并促进禽蛋产业的可持续发展。

二、政策框架相关组织

（一）国际组织

世界卫生组织（World Health Organization，WHO）和联合国粮食及农业组织（Food and Agriculture Organization of the United Nations，FAO）制定了禽蛋质量安全的国际标准和指南，为各国提供科学依据和指导。

国际食品法典委员会（Codex Alimentarius Commission，CAC）制定了禽

蛋的安全和质量标准，以确保全球食品贸易的安全和一致性。

世界动物卫生组织（World Organization for Animal Health，OIE）制定了禽类疾病的控制和预防指南，以减少禽蛋生产过程中的疾病风险。

（二）各国政府的政策制定

1. 欧盟

欧盟制定了严格的禽蛋质量安全政策，包括生产环境和禽类管理、禽蛋采集和处理、质量检测、食品安全监管等方面的规定。欧盟还设立了欧洲食品安全局（European Food Safety Authority，EFSA）负责监督和管理禽蛋产业的安全。

2. 美国

美国通过美国农业部（United States Department of Agriculture，USDA）和食品和药品管理局（Food and Drug Administration，FDA）制定了禽蛋质量安全政策，包括禽鸟饲养管理、禽蛋生产和流通环节的监管等。美国还设立了禽蛋质量保护计划（Egg Quality Protection Program），以确保禽蛋的质量和安全。

3. 中国

中国制定了禽蛋质量安全标准和政策，包括禽蛋生产环境和禽鸟管理、禽蛋采集和处理、质量检测、食品安全监管等方面的规定。中国还设立了国家市场监督管理总局和国家食品药品监督管理总局，负责监督和管理禽蛋产业的安全。

（三）国际合作与信息共享

各国政府之间加强合作，共享信息和经验，以提高全球禽蛋质量安全的水平。

国际组织和各国政府鼓励科研机构和行业组织的参与，共同研究和开发新的禽蛋质量安全技术和方法。

国际合作也包括信息共享和技术转让，以提高禽蛋质量安全的全球标准和监管能力。

三、禽蛋中农兽药残留法规及标准

(一) 欧盟

在过去的 60 年里,欧盟对动物饲料和食品中药物残留的规定经历了多次修订和更新,目的是确保食品安全和保护消费者健康。欧盟建立了农药残留数据库(EU-Pesticidesdatabase),可以实现对禽蛋农药残留限量标准的查询。2008 年开始实行新的农药残留法规(EU) 369/2005,并多次更新条款来调整农药残留限量标准。2009 年发布 EC 470/2009 号条例,建立了动物源性食品中药理活性物质残留限量共同体程序。同年 12 月 22 日,欧盟委员会发布了《食品中药物活性物质最大残留限量》(EU) 37/2010 号条例,融合各法规,将动物源性食品中允许使用的药物按治疗效果分为抗感染类、抗寄生虫类等,允许部分抗生素类药物在产蛋鸡中使用。早在 2006 年,欧盟就出台了"饲料禁抗"的法规,实际上禁止的是在饲料中添加用来促进动物生长的抗生素类药物,而预防用的抗生素类药物并没有禁止。2010 年欧盟通过《食品中药物活性物质最大残留限量》(EU) 37/2010 来规范食品中兽药残留。

(二) 美国

1970 年,美国食品和药品管理局(FDA)发布了第一份饲用抗生素安全性报告 *The Use of Antibiotics in Animal Feed*,指出饲用抗生素可能导致耐药性上升和人类疾病。2012 年,FDA 发布了 209 号行业指南 *The Judicious Use of Medically Important Antimicrobial Drugs in Food-Producing Animals*,承认了饲用抗生素使用不当的问题。2013 年,美国食品和药品管理局(FDA)发布了计划,自 2014 年起,3 年内将禁止在畜禽饲料中使用预防性抗生素类药物。2015 年 12 月,FDA 发布报告显示,美国每年生产的抗生素 70% 用于家禽家畜养殖。鉴于美国对鸡蛋的烹饪特点为非全熟,对相关微生物的控制要求很高,因此,鸡蛋中抗生素类药物残留问题备受关注。美国每年制定"国家残留计划"(蓝皮书),用于监测公众健康关注的兽药化合物。2019 年 4 月 1 日,美国修订了 *Code of Federal Regulations*,第 21 卷"食品与药品"第 500~599 部分规定了允许使用的兽药共 93 种,其中与禽蛋相关的有

8 种抗生素类兽药。

同时，美国农业部（USDA）发布了关于家禽中使用抗生素的最新指导原则（编号 GU5122JJW），规定了家禽生产中"治疗性使用"抗生素类药物的限制条件：其一，家禽被诊断发生细菌性疾病，并预期在一定时间内可有效治疗，可使用与人类药物相似的抗生素。其二，当家禽暴露于感染性细菌，但尚未出现临床症状或实验室确认的疾病之前，可使用与人类药物相似的抗生素，抗生素应按照标签或兽医处方上的用量使用。同年，美国法规禁止在家禽中使用特定药物。

美国禽蛋农药残留限量标准收录于美国联邦法规第 40 卷 "环境保护" 180 章节（40 CFR 180），兽药残留收录于联邦法典第 21 卷 "食品与药品" 556 章节（21 CFR 556）。目前，美国认为在人类医学中不重要的或对公共卫生风险较小的药物，必须由执业兽医根据标签说明进行使用。

（三）中国

根据我国现行规定，动物源性食品中兽药残留的最大限量最早可以追溯到 2002 年 12 月 24 日原农业部第 235 号公告《动物源性食品中兽药最高残留限量》。根据该公告，允许用于食品动物且不需要制定最大残留限量的兽药有 88 种，其中与禽蛋有关且不需要制定残留限量的药物之一是氨丙啉（Amprolium）。此外，允许用于食品动物但需要制定最大残留限量的兽药有 94 种，允许用于食品动物但不得在动物性食品中检出的兽药有 9 种，其中潮霉素 B（Hygromycin B）允许作治疗用，但不得在动物源性食品中检出。另外，还有 32 种药物被禁止用于所有食品动物。

为了促进养殖环节的合理用药，保证动物源性食品的安全，我国自 2018 年起实行兽用抗菌药物减量化行动，并每年制定兽药残留监测计划。2019 年 7 月，农业农村部发布了第 194 号公告，规定自 2020 年起退出除中药外的所有促生长类药物饲料添加剂品种。这一规定鼓励企业和科研机构加快生物饲料、酶制剂、植物提取物等抗生素替代品的研发，以确保畜禽产品的安全性。同时，这也标志着 2020 年成为我国饲料全面强制性禁抗的起点。中国有关蛋制品中兽药最大残留限量的标准与法规有 GB 31650—2019《食品安全国家标准　食品中兽药最大残留限量》、GB 31650.1—2022《食品安全国家标准　食品中 41 种兽药最大残留限量》、GB 2763—2021《食品安全国家标准　食品中农药最大残留限量》，规定了中国进出口的蛋制品中农药和兽药的最大残留限量。

（四）国际食品法典委员会（CAC）

国际食品法典委员会（Codex Alimentarius Commission，CAC）关于禽蛋中农药残留限量标准以数据库形式展现，可在线查询获知禽蛋中农药的最大残留限量值。同样，禽蛋中兽药残留也以数据库形式展现，可以从《食品中最大兽药残留限量》（CAC/MRL2-2014）中查询。

根据2018年最新修订的关于动物源性食品中兽药最大残留限量和风险管理建议的文件 *Maximum residue limits and risk management recommendations for residues of veterinary drugs in foods*，关于鸡蛋中兽药的最大残留限量（Maximum Residue Limits，MRLs）与2015年CAC发布的 *Maximum Residue Limits for Veterinary Drugs in Foods* 修正案保持一致。此外，在兽药残留风险管理建议部分指出，一些药物代谢残留量没有安全水平，可能对人体健康构成威胁，因此应该禁止在动物生产中使用这些药物。

（五）日本

自2006年起，日本采用日本肯定列表来管理未设定残留限量标准或未经注册的农（兽）药。日本肯定列表数据库［Maximum Residue Limits（MRLs）List of Agricultural Chemicals in Foods］提供了食品中农（兽）药残留的详细信息。

（六）澳大利亚

澳大利亚和新西兰食品标准法典是澳大利亚和新西兰两国均需遵循的食品标准，包括一般（基础）食品标准、食品产品标准、食品安全标准和初级生产标准4章内容。其中，第1.4.2章节最大残留限量［Australia New Zealand Food Standards Code-Standards 1.4.2-Maximum Residue Limits（Aust-ralia Only）］规定了澳大利亚禽蛋中农（兽）药的最大残留限量标准。

（七）加拿大

加拿大卫生部的害虫管理局和兽药管理局分别负责食品中农（兽）药残留限量标准的制定工作。禽蛋农（兽）药残留限量标准可从农药最大残留限量数据库（Database of Maximum Residue Limits for Pesticides）和食品中兽药最大残留限量名单［List of Maximum Residue Limits（MRLs）for Veterinary Drugs in Foods］中获知。

通过以上对比可以看出我国在禽蛋中农兽药管控方面的相关政策相比于国外政策标准数量较少，在兽药相关政策上的规定更新和完善速度较快，对比之下农药残留的相关标准更新速度较慢。在禽蛋中添加药物，一定程度上可以预防相关疾病，增强禽类的免疫能力，但是，用量过大或使用不规范都可能会导致农兽药残留，进入人体后，会产生潜在的危害。因此，相关部门应当严格把控生产，加工等各个环节中的防控，同时，制定完善相关的政策标准，根据实际及时更新标准，加强对农兽药的管控。

四、禽蛋中微生物污染法规及标准

禽蛋中含有的微生物具有正反两方面作用，一方面，一些有益的微生物可以抑制禽蛋中有害微生物的生长，可以起到保护禽蛋，延长禽蛋保存期的作用，同时，益生菌或发酵微生物可以促进禽蛋中营养物质的产生，可以提高禽蛋的营养价值。另一方面，微生物含量过多，或运输过程中存在有害微生物，会影响禽蛋的安全，潜在影响人类的健康。因此，大多数国家对于禽蛋产品中的微生物含量均有明确政策及标准。

（一）中国

与发达国家相比，我国有关于禽蛋中微生物含量的限量标准还不完善，但是，在我国食品中毒相关事件中，由于致病微生物引起的事件占大多数，因此，制定相关标准非常重要。GB 29921—2021《食品安全国家标准 预包装食品中致病菌限量》规定了预包装食品中致病菌指标及其限量要求和检验方法，其中规定了即食蛋制品中沙门菌检测采样方法、限量标准以及检测方法。

（二）欧盟

欧盟委员会制定了《欧盟食品卫生法典》（EU Food Hygiene Regulations），其中包括了对禽蛋中微生物的规定。根据欧盟法规，禽蛋中细菌总数（Total Bacterial Count）必须符合特定的标准，通常为每克不超过10 000 CFU（Colony Forming Units）。此外，对于沙门菌（Salmonella）的检测也是非常重要的，禽蛋中沙门菌的检测结果必须为阴性。

(三) 美国

美国食品药品监督管理局（FDA）和美国农业部（USDA）制定了相关的食品安全法规和标准。根据美国法规，禽蛋中细菌总数和沙门菌的限量标准也是非常严格的。美国还规定了对禽蛋中大肠杆菌（E. coli）和金黄色葡萄球菌（Staphylococcus aureus）等微生物的检测要求。

(四) 日本

日本的食品安全法规定了禽蛋中微生物的限量标准，包括细菌总数、沙门菌、大肠杆菌等。日本还制定了《食品卫生法》和《动物卫生法》，对禽蛋生产过程中的卫生管理和微生物检测提出了具体要求。

(五) 加拿大

加拿大食品检验局（CFIA）制定了对禽蛋中微生物的检测标准，包括细菌总数、沙门菌、大肠杆菌等。禽蛋生产企业需要遵守相关的食品安全法规和标准。

(六) 澳大利亚

澳大利亚食品标准局（FSANZ）发布了关于禽蛋微生物标准的指导文件，规定了禽蛋中细菌总数、沙门菌、大肠杆菌等的检测要求。

(七) 新西兰

新西兰食品安全局（MPI）制定了对禽蛋中微生物的标准，包括对细菌总数、沙门菌、大肠杆菌等的限量要求。

(八) 韩国

韩国食品药品安全厅（MFDS）发布了对禽蛋中微生物的检测标准，包括对细菌总数、沙门菌、大肠杆菌等的限量要求。

五、禽蛋中重金属污染法规及标准

(一) 中国

中国食品安全法规定了食品中重金属的限量标准，包括铅、镉、汞等。国家标准 GB 2762—2022《食品安全国家标准 食品中污染物限量》规定了食品中重金属的最大允许残留量。对于禽蛋，中国农业农村部发布了《禽蛋质量安全监督检验规程》，其中包括对禽蛋中重金属的限量要求。根据该标准，禽蛋中铅的最大残留限量为 0.2 mg/kg，镉的最大残留限量为 0.05 mg/kg，汞的最大残留限量为 0.05 mg/kg。

(二) 欧盟

欧盟设定了食品中重金属的最大残留限量，相关标准包括欧盟委员会的法规和指令，如欧盟委员会法规（EC）No 1881/2006。对于禽蛋，欧盟也有相关的重金属限量标准，禽蛋生产企业都需要遵守这些标准。该法规中规定了食品中铅、镉、汞等重金属的最大残留限量标准。根据该法规，禽蛋中铅的最大残留限量为 0.10 mg/kg，镉的最大残留限量为 0.05 mg/kg，汞的最大残留限量为 0.10 mg/kg。

(三) 美国

美国食品药品管理局（FDA）制定了对食品中重金属的限量标准，包括禽蛋在内的食品生产企业需要遵守这些标准。美国农业部（USDA）也对禽蛋中重金属的限量进行监管。根据 FDA 的标准，禽蛋中铅的最大残留限量为 0.1 mg/kg，镉的最大残留限量为 0.05 mg/kg，汞的最大残留限量为 0.05 mg/kg。

表 5-1 国内外禽蛋中主要重金属污染最大限量　　　　单位：mg/kg

种类	中国	欧盟	美国
铅	0.2	0.1	0.1
镉	0.05	0.05	0.05
汞	0.05	0.1	0.05

（四）其他地区

日本、加拿大、澳大利亚、新西兰等国家或地区也有类似的食品中重金属的限量标准和监管政策，禽蛋生产企业需要遵守当地的法规和标准。

总体而言，国外在对于禽蛋中重金属污染最大限量的标准上要严于国内，其原因可能是国内的政策和标准更加注重本国消费者的健康与安全。同时，这也可能反映了国内外对于禽蛋生产环节中的重金属污染控制存在不同的重视程度。虽然国内的标准可能相对较低，但这并不意味着我们可以忽视重金属污染对禽蛋质量和消费者健康的影响。事实上，重金属污染对禽蛋的危害不容忽视。重金属如铅、汞、镉等，可以通过饲料、水源等途径进入禽类体内，并在其体内积累。这些重金属可以通过禽蛋传递给人类，长期摄入可能对人体的神经系统、消化系统、免疫系统等造成损害，甚至引发一些慢性疾病。

因此，应该加强对禽蛋中重金属污染的监管和控制。一方面，政府部门可以制定更加严格的标准和政策，推动禽蛋产业的绿色发展；另一方面，企业和农户也应该自觉遵守相关法规，加强饲料、水源等生产环节的管理，确保禽蛋的质量和安全。

此外，消费者也应该提高对禽蛋质量的重视程度，选择质量可靠的产品。在购买禽蛋时，可以关注产品的产地、生产日期等信息，选择来自正规渠道、有质量保证的产品。同时，也可以通过了解相关知识，提高对重金属污染危害的认识，从而更好地保护自己和家人的健康。

总之，虽然国内外在禽蛋中重金属污染最大限量的标准上存在差异，但不能忽视重金属污染对禽蛋质量和消费者健康的影响。只有加强监管和控制，提高企业和消费者的重视程度，才能确保禽蛋产业的可持续发展和消费者的健康安全。

六、国内外禽蛋中兽药残留限量标准对比

根据国内外最新政策法规，有关禽蛋类产品的兽药残留限量指标CAC为10种，欧盟15种，美国9种，日本53种，加拿大5种，澳大利亚20种，中国20种（其中潮霉素B允许做治疗使用，但不得在鸡蛋

中检出）。

在一些兽药最大残留限量值上，各国家和组织存在较大差异，CAC、美国、加拿大和中国台湾规定在禽蛋产品中金霉素的最大残留限量为 0.4 mg/kg，而欧盟、澳大利亚和中国大陆规定的上述限量值为 0.2 mg/kg；同理，针对蛋类产品的土霉素和四环素，中国大陆与欧盟相同，限量值为 0.2 mg/kg，但 CAC 和中国台湾制定的限量值为 0.4 mg/kg；关于红霉素的最大残留限量，CAC 和中国为 0.05 mg/kg，欧盟为 0.15 mg/kg，美国为 0.025 mg/kg；相比于上述各国都制定了最大限量的药物来说，氨丙啉在中国大陆、中国台湾和美国规定禽蛋中最大残留限量为 4 mg/kg；在加拿大氨丙啉的最大限量值为 7 mg/kg；泰万菌素仅中国规定最大限量为 0.2 mg/kg；青霉素和制霉菌素仅美国规定最大限量为 0 mg/kg；拉沙里菌素、苯甲氧基青霉素、辛硫磷仅欧盟规定最大限量值，分别为 0.15 mg/kg、0.025 mg/kg、0.06 mg/kg。禁止使用的药物名单也各有不同，如欧盟和 CAC 禁止使用氯丙嗪、甲硝唑，美国对此没有规定，我国允许作治疗使用，但不得在动物性食品中检出；另外我国规定安普霉素在鸡产蛋期禁止使用，美国、欧盟、CAC 关于禽蛋均没有规定；氯霉素、硝基呋喃类抗生素药物其代谢产物会对人体产生巨大危害，国内外都将它们列入"禁用名单"。

这些差异反映了不同国家和地区对于食品安全标准的理解和重视程度。有些国家和地区可能更加注重兽药残留对消费者健康的影响，因此制定了更为严格的限量标准。而有些国家和地区则可能考虑到兽药在畜牧业生产中的必要性，因此制定的限量标准相对较宽松。尽管存在差异，但各国和组织都在努力确保兽药残留限量标准的科学性和公正性。他们通常会参考国际标准和科学研究结果，同时考虑到本国的实际情况和消费者的需求，制定出符合自己国情的兽药残留限量标准。

然而，这些差异也给国际贸易带来了挑战。不同国家和地区的兽药残留限量标准不同，可能导致某些产品无法在不同市场之间自由流通。这可能会给出口商带来额外的成本和风险，同时也可能限制了消费者的选择。因此，加强国际合作和信息交流，推动各国和组织在制定兽药残留限量标准方面的协调和统一，是非常必要的。这有助于促进国际贸易的发展，保障消费者的健康和权益，同时也有助于提高畜牧业生产的可持续性和安全性（表 5-2 和表 5-3）。

表 5-2　国内外禽蛋类产品兽药残留种类的对比

项目	CAC	欧盟	美国	日本	加拿大	澳大利亚	中国大陆
兽药种类	10	15	9	53	5	20	20
中国及国外均提到的兽药种类	10	12	7	14	5	7	20
中国及国外限量值相同的兽药种类	10	7	4	8	—	5	20

表 5-3　国内外禽蛋类产品兽药残留限量对比　　　　单位：mg/kg

项目	CAC	欧盟	美国	加拿大	澳大利亚	中国大陆	中国台湾
红霉素	0.05	0.15	0.025	—	—	0.05	0.05
林可霉素	—	0.05	—		0.2	0.05	0.05
新霉素	0.5	0.5				0.5	0.5
哌嗪	—	2	—			2	2
杆菌肽	—	—	0.5			0.5	0.5
大观霉素	2	产蛋期禁用	—			2	2
泰妙菌素	—	1				1	1
泰乐菌素	0.3	0.2	0.2			0.2	0.3
泰万菌素						0.02	
黏菌素	0.3	0.3	—			0.3	
氨苯胂酸	—					0.5	
洛克沙胂	—	—	—			0.5	0.5
土霉素	0.4	0.2	—		0.4	0.4	0.4
四环素	0.4	0.2				0.4	0.4
金霉素	0.4	0.2	0.4	0.4	0.2	0.4	0.4
溴氰菊酯	0.03	—		—	0.01	0.03	0.03
氟苯达唑	0.4	0.4				0.4	0.4
芬苯达唑	—	1.3	1.8			1.3	
泰万菌素	—	—	—			0.2	

续表

项目	CAC	欧盟	美国	加拿大	澳大利亚	中国大陆	中国台湾
氨丙啉	—	—	4（全蛋）8（蛋黄）	7	4	4	4
制霉菌素	—	—	0			—	
潮霉素B	—	—	0			不得检出	
青霉素	—	产蛋期禁用	0			0.04	
拉沙里菌素	—	0.15	—		0.05	—	0.05
苯氧甲基青霉素	—	0.025	—				
辛硫磷	—	0.06	—				
氨苄西林	—	—	—		0.01		0.01
阿莫西林	—	产蛋期禁用	—		0.01	0.004	0.01
丁喹酯	—	—	—		—	—	0.2
多黏菌素	0.3	0.3	—		—	0.3	0.3
环丙氨嗪	—	—	—		0.2	0.05	0.3
敌敌畏	—	—	—		0.05	—	0.05
多西环素	—	—	—		—	—	0.2
黄霉素	—	—	—		0.02		0.02
卡那霉素	—	产蛋期禁用	—		—	0.01	0.5
吉他霉素	—	—	—		0.2		0.2
左旋咪唑	—	—	—		1	—	1
恶喹酸	—	产蛋期禁用	—		—	0.01	0.05
胡椒基丁醚	—	—	—		0.1		0.1
盐酸氯苯胍	—	—	—				0.1
泼尼松龙	—	—	—				0.0007
盐霉素	—	—	—		0.02		0.02
磺胺类药物	—	产蛋期禁用	—		—	0.01	0.1
磺胺二甲基嘧啶	—	—	—		0.01	0.01	—

续表

项目	CAC	欧盟	美国	加拿大	澳大利亚	中国大陆	中国台湾
磺胺喹恶啉	—	—	—	—	0.01	—	—
妥曲珠利	—	—	—	—	0.05	—	—
甲氧苄氨嘧啶	—	—	—	—	0.02	—	0.02
青霉素G	—	—	—	0.05	—	—	—
氨苄西林		产蛋期禁用				0.004	
安普霉素		产蛋期禁用				0.01	
阿司匹林		产蛋期禁用				0.01	
氯唑西林		产蛋期禁用				0.04	
阿维拉霉素		产蛋期禁用				0.01（产蛋期禁用）	
达氟沙星		产蛋期禁用				0.01（产蛋期禁用）	
地克珠利		产蛋期禁用				0.01（产蛋期禁用）	
多西环素		产蛋期禁用				0.01（产蛋期禁用）	
二氟沙星		产蛋期禁用				0.01（产蛋期禁用）	
恩诺沙星		产蛋期禁用				0.01（产蛋期禁用）	
氟苯尼考		产蛋期禁用				0.01（产蛋期禁用）	
氟甲喹		产蛋期禁用				0.01（产蛋期禁用）	
左旋咪唑		产蛋期禁用				0.005（产蛋期禁用）	
沙拉沙星		产蛋期禁用				0.005（产蛋期禁用）	
替米考星		产蛋期禁用				0.01（产蛋期禁用）	

续表

项目	CAC	欧盟	美国	加拿大	澳大利亚	中国大陆	中国台湾
托曲珠利		—				0.01（产蛋期禁用）	
洛美沙星		—				0.002	
诺氟沙星		—				0.002	
氧氟沙星		—				0.002	
苯唑西林		产蛋期禁用				0.004	
培氟沙星		产蛋期禁用				0.002	
甲砜霉素		产蛋期禁用				0.01	
甲氧苄啶		产蛋期禁用				0.01	
弗雷拉纳		1.3				—	
酮洛芬		产蛋期禁用				—	
拉沙洛西		0.15				—	
巴龙霉素		0.2				—	
苯氧甲基青霉素		0.025				—	

七、国内外禽蛋中农药残留限量标准对比

2014年，我国对《食品安全国家标准 食品中农药最大残留限量》进行了修订。修订后的标准仅规定了艾氏剂、狄氏剂、氯丹、滴滴涕（DDT）、硫丹、七氯、六六六、林丹和五氯硝基苯等9种农药在禽蛋中的残留限量。相比之下，欧盟、日本、澳大利亚、国际食品法典委员会（CAC）和美国等国家和地区或国际组织的相关规定要更为严格。

欧盟公布蛋类中农药残留项目444种，有70种与我国规定的农药种类一致。其中，相同农药种类中毒死蜱、甲基毒死蜱、二嗪磷等36种，啶酰菌胺、氯丹、四螨嗪等18种农药残留限量比我国更严格，啶虫脒、灭草松、

联苯肼酯等 16 种农药残留限量比我国宽松。而艾氏剂、多菌灵、丁硫克百威等 15 种农药残留限量是我国制定而欧盟未制定，1,1-二氯-2,2-双（4-乙基苯基）乙烷、1,2-二氯乙烷等 374 种农药残留限量是欧盟制定而我国未制定。目前，欧盟对蛋类中农药残留规定是最多的，数量远超我国，其限量值也是相对比较严格的，在 444 项农药残留限量中有 93% 的限量值在 0.05 mg/kg 及以下，56% 的限量值在 0.01 mg/kg 及以下。

CAC 对禽蛋类共规定了 141 种农药的残留限量，有 77 种与我国规定的农药种类一致。其中，相同农药种类中有啶虫脒、啶酰菌胺、多菌灵等 75 项 MRLs 相同，丁苯吗啉和林丹 2 项 MRLs 比中国更严格。杀扑磷、杀线威等 8 种农药 MRLs 是中国制定而 CAC 未制定，乙酰甲胺磷、乙草胺等 64 种农药 MRLs 是 CAC 制定而中国未制定。

美国对蛋类中农药制定了 97 种农药残留限量，有 30 种与我国规定的农药种类一致。其中，相同农药种类中有啶虫脒、啶酰菌胺、矮壮素等 9 项农药残留限量值相同，灭蝇胺、苯醚甲环唑、乐果等 6 项农药残留限量值比我国更严格，氯虫苯甲酰胺、甲基毒死蜱、滴滴涕等 15 项农药残留限量值比我国宽松。艾氏剂、多菌灵、丁硫克百威等 54 种农药的农药残留限量值是我国制定而美国未制定，乙酰甲胺磷、甲草胺、苯达松等 66 种农药的农药残留限量值是美国制定而我国未制定。

日本发布了 245 种蛋类中农药残留限量，有 71 种与我国规定的农药种类一致。其中，相同农药种类中有啶虫脒、啶酰菌胺、丁硫克百威等 60 种限量值相同；林丹的残留限量值比我国严格，日本蛋类中林丹残留限量值为 0.01 mg/kg，而我国为 0.1 mg/kg；甲基毒死蜱、灭草松、噻虫胺等 10 种农药残留限量值比我国宽松。氯氨吡啶酸、多菌灵、噻草酮等 14 种农药 MRLs 是我国制定而日本未制定，1,2-二氯乙烷、2,4-滴等 169 种农药残留限量值是日本制定而我国未制定。

澳大利亚发布了 220 种蛋类中农药的农药残留限量，有 62 种与我国规定的农药种类一致。其中，相其中啶虫脒、氯氨吡啶酸、嘧菌酯等 35 种农药残留限量相同；敌草快、氯虫苯甲酰胺等 8 种农药残留限量比我国更严格；多菌灵、甲基毒死蜱、灭草松等 19 种农药残留限量比中国宽松。艾氏剂、啶酰菌胺、丁硫克百威等 11 种农药是我国制定而澳大利亚未制定；乙酰甲胺磷、苯并噻二唑、三氟羧草醚等 158 种农药的农药残留限量是澳大利亚制定而我国未制定。

加拿大对蛋类共发布了 83 种农药残留限量，有 18 种与我国规定的农药种类一致。其中，相同农药种类中有啶虫脒、嘧菌酯等8种农药残留限量相同，氯虫苯甲酰胺、吡噻菌胺、氟啶虫胺腈3种农药残留限量比中国更严格；苯醚甲环唑、草铵膦、咪唑烟酸等7种农药残留限量宽于我国；艾氏剂、多菌灵、丁硫克百威等67种农药的农药残留限量是我国制定而加拿大未制定；2,4-滴啶喃环丙虫酯、唑嘧菌胺等65种农药的农药残留限量是加拿大制定而我国未制定。

澳大利亚对禽蛋共规定了220种农药残留限量，其中，与我国同时限量要求的7种农药中，有6种农药的残留限量值是与我国相同的。仅滴滴涕限量值与我国不同，其限量值为0.5 mg/kg，在我国限量值为0.1 mg/kg。

通过对比可以看出，我国在禽蛋农药种类的规定上，与国际先进水平还存在一定差距。总体来看，我国在禽蛋农药残留限量方面的规定与国际先进水平相比，不仅在数量上存在较大差距，而且部分国际上已严格控制的农药在我国仍未得到充分重视。因此，我国应加快修订和完善相关标准，以保障食品安全，保护消费者健康。同时，还需加强与国际交流合作，借鉴先进经验，逐步提高我国食品安全标准的整体水平（表5-4和表5-5）。

表5-4 国内外禽蛋类产品农药残留种类的对比

项目	中国	CAC	欧盟	美国	日本	加拿大	澳大利亚
农药种类	85	141	444	97	240	83	220
中国及国外均提到的兽药种类	—	77	70	31	71	18	62
中国及国外限量值相同的兽药种类	—	75	36	10	60	8	35

表5-5 食品安全国家标准中关于禽蛋中农药残留最大限量　单位：mg/kg

种类	最大限量
2,4-滴和2,4-滴钠盐	0.01
2甲4氯	0.05
矮壮素	0.1
百草枯	0.005
苯并烯氟菌唑	0.01
苯丁锡	0.05

续表

种类	最大限量
苯菌酮	0.01
苯醚甲环唑	0.03
苯嘧磺草胺	0.01
苯线磷	0.01
吡虫啉	0.02
吡噻菌胺	0.03
吡唑醚菌酯	0.05
吡唑萘菌胺	0.01
丙环唑	0.01
丙炔氟草胺	0.02
丙溴磷	0.02
敌敌畏	0.01
草铵膦	0.05
虫酰肼	0.02
除虫脲	0.05
敌草腈	0.03
敌草快	0.05
丁苯吗啉	0.01
丁硫克百威	0.05
啶虫脒	0.01
啶酰菌胺	0.02
毒死蜱	0.01
多菌灵	0.05
多杀霉素	0.01
恶唑菌酮	0.01
二甲戊灵	0.02
二嗪磷	0.02
粉唑醇	0.01
呋虫胺	0.02

续表

种类	最大限量
氟苯脲	0.01
氟吡呋喃酮	0.7
氟吡菌胺	0.01
氟吡菌酰胺	2
氟虫腈	0.02
氟啶虫胺腈	0.1
氟硅唑	0.1
氟氯氰菊酯和高效氟氯氰菊酯	0.01
氟噻虫砜	0.01
氟噻唑吡乙酮	0.01
氟酰脲	0.1
活化酯	0.02
甲胺磷	0.01
甲拌磷	0.05
甲基毒死蜱	0.01
甲基嘧啶磷	0.01
甲氰菊酯	0.01
甲氧咪草烟	0.01
腈菌唑	0.01
联苯三唑醇	0.01
喹氧灵	0.01
乐果	0.05
联苯吡菌胺	0.02
联苯肼酯	0.01
硫丹	0.03
螺虫乙酯	0.01
螺甲螨酯	0.02
氯氨吡啶酸	0.01
氯虫苯甲酰胺	0.2

续表

种类	最大限量
氯菊酯	0.1
氯氰菊酯和高效氯氰菊酯	0.01
麦草畏	0.01
咪鲜胺和咪鲜胺锰盐	0.1
咪唑菌酮	0.01
咪唑烟酸	0.01
咪唑乙烟酸	0.01
醚菊酯	0.01
嘧菌酯	0.01
嘧菌环胺	0.01
灭草松	0.01
灭多威	0.02
灭蝇胺	0.3
氰戊菊酯和S-氰戊菊酯	0.01
炔螨特	0.1
噻草酮	0.15
噻虫胺	0.01
噻虫啉	0.02
噻虫嗪	0.01
噻节因	0.01
噻菌灵	0.1
噻螨酮	0.05
三唑醇	0.01
三唑酮	0.01
杀螟硫磷	0.05
杀扑磷	0.02
杀线威	0.02
戊菌唑	0.05
霜霉威和霜霉威盐酸盐	0.01

续表

种类	最大限量
四螨嗪	0.05
特丁硫磷	0.01
五氯硝基苯	0.03
硝磺草酮	0.01
溴氰虫酰胺	0.15
乙烯利	0.01
异丙噻菌胺	0.01
唑啉草酯	0.02
艾氏剂	0.1
滴滴涕（DDT）	0.1
狄氏剂	0.1
林丹	0.1
六六六	0.1
氯丹	0.02
七氯	0.05

第六章　禽蛋质量安全检测技术

本章重点介绍禽蛋质量安全的检测技术，这是保障禽蛋生产过程中优质和安全的关键环节。禽蛋质量安全检测技术在全球畜禽生产中至关重要，包括生物标记检测、化学成分检测和生物统计分析等方法，可降低病害风险、提高禽蛋质量和确保食品安全。通过深入探讨这些技术，我们期待为禽畜生产者提供更有效的工具，实现更高效的禽蛋质量管理和安全监控。

一、禽蛋质量安全检测技术发展历程

（一）传统方法阶段

在早期，禽蛋的质量安全主要通过外观检查、气味观察和简单的化学试验来判断。这些传统方法虽然简单易行，但准确性和效率有限。

（二）仪器化方法阶段

随着科技的发展，仪器化方法开始应用于禽蛋质量安全检测。包括使用光谱仪、色谱仪、质谱仪等高精度仪器进行化学成分和污染物检测，提高了检测的准确性和灵敏度。

（三）分子生物学方法阶段

近年来，分子生物学方法在禽蛋检测技术中得到广泛应用。基因检测技术可以用于检测禽蛋中的病原微生物、转基因成分等，提高了检测的特异性和快速性。

(四) 智能化与快速化发展阶段

随着人工智能和大数据技术的发展，禽蛋检测技术趋向智能化和快速化。智能化的检测设备和算法可以自动分析数据、识别异常，提高了检测效率和精度。

(五) 多指标综合检测阶段

未来的发展趋势是将多种检测指标整合在一起，构建多指标综合检测体系。通过综合分析外观、化学成分、微生物、重金属、农药残留等多个方面的指标，全面评估禽蛋的质量安全。

通过对禽蛋检测技术的技术发展历程进行梳理，可以更好地了解禽蛋检测技术的演变过程和未来发展方向，为相关领域的研究和实践提供参考。

二、外观检测

外观检测是最基本的检测方法之一，包括观察蛋壳的完整性、色泽、形状等。异常的外观可能表明禽蛋存在问题，如裂纹、变色、异物等。

以下是通常进行禽蛋外观检测的方法。

(一) 观察蛋壳

蛋壳是禽蛋内部免受细菌侵害的第一道屏障，同时还为孵化中的胚胎提供了机械保护和气体交换，因此蛋壳对于禽蛋质量安全极其重要，是衡量蛋壳质量的一项重要指标。首先检查禽蛋的蛋壳外观，包括颜色、光泽、完整性等。正常的蛋壳应该光滑、有光泽，无明显裂纹或变形。

(二) 检查蛋形

观察禽蛋的形状是否规整。正常的禽蛋应该是椭圆形或近似椭圆形，不应该有明显的畸形。

(三) 检测蛋白质质量

通过观察蛋白质的透明度和黏稠度来评估蛋白质的质量。健康的禽蛋蛋白质应该清澈透明、黏稠度适中。

（四）闻气味

闻一下禽蛋的气味，正常的禽蛋应该无异味或有淡淡的蛋香味。

（五）检查蛋黄颜色

观察蛋黄的颜色，正常的禽蛋蛋黄应该呈鲜黄色，有光泽。

通过以上外观检测方法，可以初步评估禽蛋的质量情况，发现明显的异常或问题。需要注意的是，外观检测虽然简单易行，但仅能作为初步的检测手段，真正的质量安全检测还需要结合其他更加精密的检测方法来进行综合评估。

在实际生产中，规模较小的禽蛋养殖户主要是通过感官评价法检测禽蛋品质，观察是否出现蛋壳裂纹或蛋黄散落。在传统的人工检测方法中，操作人员根据两个鸡蛋碰撞的声音来判断是否存在裂纹或者采用"照蛋法"，使用光源照射鸡蛋的一面，然后从另一面观察是否存在裂纹。两者均受到检测人员的主观影响。传统的蛋黄散落检测技术是通过人工摇晃鸡蛋的方式，听取鸡蛋内部发出的声音来判断蛋黄是否散落，但需要大量经验丰富的操作人员，且检测速度较慢，难以满足现代食品工业发展的需求。感官评价法通常需要大量经验丰富的操作人员来完成，但检测精度受检测人员主观因素的影响较大且检测效率较低，也没有明显的衡量标准及政策随着我国劳动力价格的提高，人工检测的成本也在不断增加，因此，在大规模化养殖中并不适用。

三、蛋壳硬度检测

使用硬度计等工具对禽蛋的蛋壳厚度和硬度进行检测，以确定禽蛋是否存在裂纹或变形等问题。

检测禽蛋外壳还可以通过检测外壳厚度反映禽蛋的质量安全。蛋壳厚度的物理检测方法一般采用蛋壳厚度的测试仪，但是需要将鸡蛋打破后去除蛋壳内膜进行检测。韩雅文等研究发现，近红外光谱技术可以应用到蛋壳检测中，这可以实现对蛋壳的无损化检测。近红外技术目前已经广泛应用到食品、医疗和农业等多个方面，茶籽油的掺伪鉴别，对复方乙酰水杨酸片和复方氨酚烷胺片两种药物进行定量分析研究，牛羊肉中的掺假检测以及冷冻鲜羊肉中的额鸡肉掺假行为。近红外光谱检测技术主要通过近红外漫反射采集禽蛋赤道部分的光谱进行检测，通过利用最小二乘法、回归分析等的方法分析正常鸡蛋不同部位的厚度关系，建立正常鸡蛋的模型，最后将待测鸡蛋的检测数据与建模的标准品进行对比拟合分析。

四、禽蛋新鲜度检测

电子鼻，这一创新型的无损检测技术，正在我国食品加工、农业、医疗等多个领域发挥重要作用。其高速、简便的操作方式，使其成为各类行业的热门选择。电子鼻的工作原理基于一个简单的观察：不同状态的禽蛋，其鸡蛋外壳表面挥发出来的微量有机物会有所不同，从而产生独特的气味。通过捕捉这些气味，并将其转化为物理信号，电子鼻就能对鸡蛋的状态进行分析。新鲜带壳鸡蛋的有机物挥发浓度极低，但随着贮藏时间的增加，鸡蛋内部的营养物质会被微生物分解，以气体形式从内部释放出来。这些气体正是禽蛋新鲜度的直接反映，因此，通过检测这些挥发性气味，就能判断禽蛋的质量。

值得一提的是，电子鼻并非唯一的禽蛋检测技术。荧光光谱、红外光谱、紫外光谱等方法同样可以用于检测禽蛋的新鲜度。这些技术在无损检测蛋品质方面具有广泛的应用前景。以电子鼻和这些光谱技术为代表的无损检测技术，不仅能够保证蛋品质量，提高食品安全，还能降低生产成本。

五、禽蛋中化学成分检测

禽蛋作为人类重要的食物来源，其化学成分的检测分析对于评估营养价值、监控食品安全和指导生产加工至关重要。通过多种化学分析方法，可以深入了解禽蛋中蛋白质、脂类、维生素、矿物质等营养成分的含量及构成，以及潜在的风险物质残留情况。

（一）蛋白质分析

禽蛋蛋白是优质蛋白质的典范，其氨基酸组成合理，易于人体消化吸收。蛋白质分析主要包括如下。

1. 含量测定

常用的方法包括凯氏定氮法、双缩脲法等,用于评估禽蛋的蛋白质含量及营养价值。

2. 氨基酸分析

采用氨基酸分析仪对蛋白质进行水解,测定各种氨基酸的含量和比例,从而评估蛋白质的营养价值和利用率。

(二) 脂类分析

禽蛋中的脂类主要存在于蛋黄中,包括磷脂、胆固醇、甘油三酯等。脂类分析主要包括如下。

1. 含量测定

常用的方法包括索氏提取法、酸水解法等,用于测定禽蛋中总脂肪、磷脂、胆固醇等的含量。

2. 脂肪酸组成分析

采用气相色谱法对脂肪酸进行分离和定量分析,了解脂肪酸的种类和比例,评估脂肪的营养价值和对人体健康的影响。

(三) 维生素和矿物质分析

禽蛋富含多种维生素和矿物质,对人体健康至关重要。维生素和矿物质分析主要包括如下。

1. 维生素分析

采用高效液相色谱法、荧光分光光度法等测定维生素 A、维生素 D、维生素 E、维生素 K、B 族维生素等的含量。

2. 矿物质分析

采用原子吸收光谱法、电感耦合等离子体质谱法等测定钙、铁、锌、硒等矿物质的含量。

（四）其他成分分析

1. 水分

采用烘干法测定禽蛋的水分含量，评估禽蛋的新鲜程度。

2. pH 值

采用 pH 计测定蛋清和蛋黄的 pH 值，判断禽蛋的新鲜程度和品质变化。

3. 色素

采用分光光度法测定蛋黄中类胡萝卜素等色素的含量，评估蛋黄的颜色和品质。

六、禽蛋中药物残留检测

药物残留是生活中一个不可忽视的问题，它主要存在于农产品和动物产品中。农兽药的滥用和不合理使用抗生素导致禽蛋等食品中残留有机或无机危害成分，对人体健康构成威胁。为了保障食品安全，药物残留的检测方法显得尤为重要。检测方法主要通过物理或化学分析检测相关指标，包括色谱法、质谱法、免疫分析法等。

（一）前处理方法

在农药残留定性或定量之前，需要选择合适的方法对样品进行预处理。主要有萃取和净化两个关键步骤。萃取是指从禽蛋样品基质中提取目标分析农药，净化是指在萃取溶剂中分离目标分析农药或从禽蛋样品基质外清除目标分析农药。

（二）萃取方法

1. 固液萃取法

其原理是使固体物料中可溶性化合物溶解于溶剂中而加以分离，又称为浸取，是最原始的提取方法。为了扩大固液接触面积和提高萃取效率需要先对待测样品进行搅碎匀浆，对萃取混合物进行涡旋振荡处理。

2. 液液萃取法

在萃取过程中，因不同溶剂中化合物的溶解度或分配系数不同而实现分离。在禽蛋的相关研究中常用的有机萃取溶剂为乙腈。但是该萃取方法的缺点是反复萃取过程中会耗费较多的有机溶剂。

3. 索氏萃取法

其原理是溶剂回流和虹吸作用，是待测固体物质不断接触纯溶剂而被萃取，萃取效率高，广泛应用于禽蛋农药残留分析样品制备中。该方法的缺点是溶剂消耗量大、耗时过长、需要冷凝水等。

4. 基质固相分散萃取法

该方法是将固体材料粉碎后，混匀装柱，通过溶剂洗脱实现分离。浓缩了传统样品前处理中样品匀浆、沉淀、离心、pH值调节和转移等操作步骤，可避免待测样品的损失，适用于多药物残留分析。此方法操作简单方便，可提高分析速度，减少萃取试剂用量。由于禽蛋水分含量高，采用此方法萃取禽蛋中残留的农药时，需要先对禽蛋样品进行冻干处理。但是在禽蛋样品冻干后的质量会影响柱子的使用、洗脱剂的体积以及分析灵敏度等，同时，冻干操作也会引起农药含量改变，导致检测不准确。

5. 加压流体萃取法

该方法基于相似相溶原理，遵循分配定律实现待测物质在相与相之间的转换。通过仪器加热、加压，使待测物分子从样品的固态基质中快速分离出来并溶入萃取溶剂中。该方法的自动化程度高、溶剂使用量少、提取速度快、提取效率高等特点（表6-1）。

表6-1 不同萃取方法的优缺点

前处理方法	适用范围	优点	缺点
固液萃取法	固态蛋及蛋制品	操作简单	溶剂消耗量大，耗时长
液液萃取法	液态蛋及蛋制品	操作简单	溶剂消耗量大，耗时长

续表

前处理方法	适用范围	优点	缺点
索氏萃取法	蛋及蛋制品	国际标准方法，操作简单、成本低	溶剂消耗量大，耗时长、需要冷凝水
基质固相分散萃取法	蛋及蛋制品	简单高效、能同时制备、萃取和净化样品、自动化程度高	成本高
加压流体萃取法	蛋及蛋制品	自动化程度高、溶剂使用量少、提取速度快、提取效率高	成本高

（三）净化方法

1. 凝胶渗透色谱法

该方法通过凝胶与不同直径分子间的排阻效应而实现分离样品用GPC柱净化禽蛋样品时，油脂、色素等大分子物质首先流出，随后流出农药等物质，根据分离时间的差异，可高效去除大分子杂质。因此，凝胶渗透色谱法对于相对分子质量相近而化学结构不同的物质，不能达到完全分离纯化，相对分子质量相差需在10%以上。如若检测禽蛋中残留的农药化学结构和极性相近时，应避免采用此方法进行分离净化。

2. 固相萃取法

该法基于液-固相色谱理论，采用选择性吸附、选择性洗脱的方式富集、分离、净化样品。固相萃取法耗时少、节省溶剂，可自动化批量处理样品，缺点是固相萃取小柱成本较高。目前，禽蛋中农药残留研究大多采用此法对待测样品进行净化。

3. QuEChERS方法

QuEChERS（Quick、Easy、Cheap、Effective、Rugged、Safe）是快速、简便、廉价、有效、耐用、安全的简称，是新近发展起来的一种样品前处理方法。原理与固相萃取法相似，不同的是，QuEChERS方法加入了PSA、Cu粉末作为吸附剂，用来吸附提取液中的杂质，以达到净化的目的（表6-2）。

表6-2 不同净化方法的优缺点

前处理方法	适用范围	优点	缺点
凝胶渗透色谱法	蛋及蛋制品	国家标准方法	无法分离、净化化学结构和极性相似的化学物质
固相萃取法	蛋及蛋制品	耗时少、节省溶剂、可自动化批量处理样品、重现性好	固相萃取小柱成本较高、需要专业人员辅助
QuEChERS法	蛋及蛋制品	操作简单、溶剂使用量少、提取速度快、提取效率高	对含水量低、脂肪含量高的样品，净化效果不理想

（四）仪器检测方法

色谱法是一种常用的农产品质量安全检测技术，包括气相色谱（GC）和液相色谱（HPLC）两种方法。

气相色谱法相比于传统的薄层色谱法操作简单、样品消耗量少、仪器稳定、检测效率高，同时具有灵敏度高和特异性高的特点。样品中的农兽药残留通过气相色谱柱进行分离，再通过检测器检测，常见的检测器包括质谱检测器（MS）和电子捕获检测器（ECD）等。气相色谱对于禽蛋中残留的六六六、DDT等多种有机氯农药的残留均可进行检测。目前已知的气相色谱法，在对组分直接进行定性分析时，必须用已知物或已知数据与相应的色谱峰进行对比或与其他方法联用，这样才能得出直接肯定的结果。

液相色谱法是将样品中的农药残留或兽药残留在液相色谱柱上进行分离，再通过紫外检测器（UV）或荧光检测器等进行检测。高效液相色谱具有选择性好、操作简易等优点，相比于液相色谱—串联质谱使用成本相对较低。在兽药残留中主要用到紫外检测器、二极管矩阵检测器和荧光检测器。液相色谱操作性强，设备价格相对低廉。但和液相色谱—串联质谱相比，没法做到定性定量同时检测，有些种类的兽药还需要衍生化之后才能在液相的检测器上有相应的信号（表6-3）。

表6-3 不同仪器检测的优缺点

检测方法	优点	缺点
气相色谱法	操作简单、样品消耗量少、仪器稳定、检测效率高、灵敏度高、特异性好	必须用已知物或已知数据与相应的色谱峰进行对比或与其他方法联用，这样才能得出直接肯定的结果
液相色谱法	选择性好、操作简易等优点、成本低	定性定量同时检测，有些种类的兽药还需要衍生化之后才能在液相的检测器上有相应的信号

(五) 质谱法

质谱法是一种高灵敏度的农药残留与兽药残留检测技术，常见的包括气相质谱法（GC-MS）和液相质谱法（LC-MS）。

GC-MS 将样品中的农药残留或兽药残留通过气相色谱柱分离，再通过质谱仪进行检测，具有高分辨率和高灵敏度的特点。气相色谱具有分离效率高、分离速度快、样品用量少、选择性好、检测灵敏度高等特点。但是气相色谱不适用于不挥发物质和对热不稳定物质。

LC-MS 则是将样品中的农药残留或兽药残留在液相色谱柱上分离，再通过质谱仪进行检测，对于极性化合物和复杂样品具有较好的适用性。液相质谱对样品的回收比较容易，而且是定量的，样品的各个组分很容易被分离出来。但是液相色谱的耗时相对较长，对于待检测物质的要求也较高（表6-4）。

表 6-4 不同质谱检测方法的优缺点

检测方法	优点	缺点
气象质谱法	高分辨率、高灵敏度、分离效率高	不适用于不挥发物质与热不稳定物质
液相质谱法	回收相对容易	耗时长，对待检测物质要求高

(六) 联合方法

1. 液相色谱—串联质谱法

液相色谱—串联质谱法是液相色谱的超高分离能力和质谱的超高灵敏度高技术相结合的设备。该方法结合了液相色谱仪有效分离热不稳定性及高沸点化合物的分离能力与质谱仪很强的组分鉴定能力，是一种分离分析复杂有机混合物的有效手段。具有能够有效去除噪声，显著提高信噪比，是目前最主要的兽药残留检测技术。可以对磺胺类药物、环丙氨嗪、睾酮、甲基睾酮、丙酸诺龙等多种兽药成分进行检测。

2. 液相色谱—高分辨质谱法

根据技术类型主要分为液相色谱—静电场轨道离子阱高分辨质谱和液相色谱—飞行时间高分辨质谱。与传统的液相色谱—串联质谱相比，液相色谱—高分辨质谱法可以提供更精确的质量数和更高的分辨率，同时也可以准确定位同位素比例。对禽蛋中的磺胺类药物、喹诺酮类、四环素类等多种农兽药残留进行检测。

3. 气相色谱—质谱联用法

气相色谱—质谱联用仪成为更重要的检测设备，促进了检测技术在禽蛋产品检测的发展。气质联用法对测定禽蛋中农兽药残留具有更高的灵敏度和分辨能力、样品消耗量少。但是，气相色谱与气质联用检测中需要先将待测物衍生化才可以进行检测，检测步骤相对烦琐，并且衍生效率差异很大，会造成检测结果不稳定等问题，因此，在后续应用中逐渐被液相色谱质谱技术所代替（表6-5）。

表6-5 不同联合检测方法的优缺点

检测方法	特点
液相色谱—串联质谱法	分离能力强、灵敏度高、噪声小
液相色谱—高分辨质谱法	质量数更加精确、准确定位同位素比例
气相色谱—质谱联用法	灵敏度高、分辨能力强、耗样品量少

（七）其他方法

禽蛋中药物残留检测技术还包括免疫分析法、高效毛细管电泳法、微生物抑制分析法等。

免疫分析法中常见的是免疫吸附法和免疫层析法。免疫吸附法是一种快速、灵敏的农药残留与兽药残留检测技术，常见的包括酶联免疫吸附法（ELISA）和免疫层析法等。ELISA是利用抗体与抗原特异性结合的原理，通过酶标记技术检测农药残留或兽药残留的含量，具有简单、快速、高效和特异性强的特点。免疫层析法则是利用抗体与抗原结合后在纸条或膜上的迁移特性进行分析，适用于现场快速检测，具有快速、灵敏的特点。

高效毛细管电泳法是该方法需要在石英毛细管中添加操作缓冲液，从一侧加样品，毛细管两端插在电极槽中，由于样品之间的具有差异性，待测样品会在电场作用下以不同速度向相反极性的方向迁移，最终根据不同组分通过检测器的时间顺序不同，从而达到检测目的。其主要优点是有分离模式多、节约耗材和样品、选择性强等。

微生物抑制分析法是基于微生物可以被药物抑制的特点对待测样品中的药物残留进行定性分析,具有前处理简单、重现性良好、成本便宜等优点,目前作为一种快速有效初筛药物残留的方法已被广泛应用(表6-6)。

表6-6 不同其他检测方法的优点

检测方法	优点
免疫分析法	快速、灵敏度高、特异性强
高效毛细血管电泳法	分离模式多、节约耗材和样品、选择性强
微生物抑制法	前处理简单、重现性良好、成本便宜

七、重金属污染检测技术

(一)前处理方法

重金属元素一般以化合态形式存在于样品中,因此,为了将化合态的重金属转化成离子态进行分析,检测前需要对待测样进行前处理。

以下是常用的金属元素检测样品处理方法。

1. 干法消解

干法灰化是在一定温度和压力下高温加热,使待测样品分解、灰化剩余残渣再用适当的溶剂溶解和定容。这种方法的优点是不用溶剂,空白值低,样品单次处理量大,很适合痕量元素分析,但缺点是不适用于易挥发元素的测定。将样品粉碎后,高温碳化、灰化除去大量有机物,然后用酸或其他溶剂溶解,制成试样溶液,最后主要用溶剂萃取、掩蔽、沉淀等方法排除其他离子的干扰,最后进行上机测定。

2. 湿法消解

湿法消解又称湿灰化法或湿氧化法,一般过程为在适量的食品中加入氧化性强酸,静置过夜后用加热板恒温加热消煮,使有机物质分解氧化成CO_2、水和各种气体。为加速氧化进行,可同时加入各种催化剂,这种破坏食品中有机物质的方法就叫作湿法消化。湿法消解操作简便,可一次处理较大量样品，适用于生物样品中痕量金属元素分析。但是该法的缺点：其一，消耗大量的酸且需高温加热从而导致器壁及试剂给样品带来沾污，消解前将所用容器用 1：1 HNO_3 加热清洗并将所用酸溶液进行亚沸蒸馏可除去其中的微量金属元素干扰。其二，有些混酸对消解后元素的光谱测定存在干扰，如当溶液中含有较多的 $HClO_4$ 或 H_2SO_4 时会对元素的石墨炉原子吸收测定会带来干扰，测定应前将溶液蒸发至近干可除去此类干扰。其三，湿法消解时间长，动物源食品一般含油脂比较多，相对蔬菜来说比较难消化。

3. 微波消解

微波消解的介质材料由极性分子和非极性分子组成。在电磁场作用下，极性分子从原来的随机分布状态转向按照电场的极性排列取向。在高频电磁作用下这些取向按交变电磁场的变化而变化，极性分子在微波电磁场中快速旋转和离子在微波场中的快速迁移、相互摩擦迅速提高反应物温度，激发分子高速度旋转和振动，使之处于反应的准备状态或亚稳态，促使物质与酸等试剂发生反应被消解。其特点主要是操作简便、可控性强、由人为操作引起的系统误差小。大幅降低时间、电力和溶剂的消耗，避免了挥发损失和污染样品，提高了分析的准确度和精密度，回收率实验获得令人满意的结果（表6-7）。

表6-7 不同前处理方法的优缺点

前处理方法	优点	缺点
干法消解	不用溶剂，空白值低，样品单次处理量多，很适合痕量元素分析	不适用于易挥发元素的测定
湿法消解	操作简便，可一次处理较大量样品，适用于生物样品中痕量金属元素分析	消耗大量的酸或热，同时会带来潜在污染，耗时长
微波消解	操作简便、可控性强，由人为操作引起的系统误差小，精度和准确度高	成本高，技术要求高，可能产生有害气体

（二）金属元素检测方法

1. 原子荧光光谱法

原子荧光光谱法是一种光谱分析技术，它的基本原理为基态原子一般为气态吸收适当的特定频率的辐射而被激发至高能态，激发态原子在去激发过程中以光辐射的形式发射出特征波长的荧光。

2. 原子吸收光谱法

原子吸收光谱法则是另一种光谱分析技术，它指的是呈气态的原子对由同类原子辐射出的特征谱线所具有的吸收现象。这两种方法在重金属污染检测中具有广泛的应用，可以为食品安全提供有力保障。

3. 电感耦合等离子体发射光谱法

等离子体是一种在一定程度上被电离的气体其导电能力达到充分电离气体的程度，而其中电子和阳离子的浓度处于平衡状态，宏观上呈电中性，是物质的第四种状态。等离子体的行为与普通气体类似，但它能被电磁力所支配。其具有检测范围广，可以连续快速多元素测定，精确度高等特点。

4. 电感耦合等离子体质谱仪

该仪器由等离子体发生器、雾化室、炬管、四极质谱仪和一个快速通道电子倍增管组成。其工作原理是：雾化器将溶液样品送入等离子体光源，在高温下汽化，解离出离子化气体，通过铜或镍取样锥收集的离子，在低真空约 133.322 Pa 压力下形成分子束，再通过 1~2 mm 直径的截取板进入四极质谱分析器，经滤质器质量分离后，到达离子探测器，根据探测器的计数与浓度的比例关系，可测出元素的含量或同位素比值。其具有检出限低，基体效应小，谱线简单，能同时测定许多元素，动态线性范围宽及能快速测定同位素比值的优点（表6-8）。

表6-8 不同金属元素检测方法的优缺点

检测方法	特点
原子荧光光谱法	灵敏度高、选择性好、分析速度快、线性范围宽、背景干扰小
原子吸收光谱法	高灵敏度、高选择性、宽线性范围、快速分析、简单操作和高可靠性
电感耦合等离子体发射光谱法	检测范围广，可以连续快速多元素测定精确度高
电感耦合等离子体质谱仪	检出限低，基体效应小，谱线简单，能同时测定许多元素

八、微生物检测技术

微生物检测主要包括细菌和真菌。细菌和真菌的检测方法在禽类养殖领域至关重要，因为这有助于及时发现和防止病原体的传播。主要的检测方法包括临床诊断和实验室检测法。

（一）临床诊断

是根据禽类动物的生长状态和精神状态进行判断。具体表现如下：一是粪便异常，如水泻、粪便呈黄色、白色、绿色，也有褐色、泥土色粪便；二是头部以及眼睑肿大，染病鸡只眼睑肿胀，有脓性分泌物；三是呼吸道症状，如湿啰音、咳嗽、呼吸困难；四是偏瘫或脖颈伸长，染病鸡只伏地、扭曲、脖颈藏于体下；五是产蛋异常，母鸡染病后产蛋量明显下降，蛋壳颜色发白且薄，有沙壳蛋。伴有输卵管炎症的病鸡，蛋壳颜色变浅，蛋壳上出现黑色出血点并沾染污染物；六是腹部肿胀膨大，触摸时感觉腹部明显变硬；七是鸡只染病后体温上升，精神萎靡，消瘦死亡。

（二）实验室检测法

禽蛋在生产、加工、存储和运输过程中容易受到微生物的污染，因此需要进行微生物测定来确保产品的质量和安全。微生物测定通常包括微生物总菌落计数、大肠杆菌检测、金黄色葡萄球菌和沙门菌检测等。根据微生物检测结果，参照国家或地区相关标准，对禽蛋的微生物污染情况进行评价，若检测结果符合标准要求，则认为禽蛋微生物污染合格；若超过标准限定值，则认为禽蛋微生物污染不合格，需要采取相应措施处理。

测定禽蛋中微生物含量的方法通常包括总菌落数测定和特定微生物的检测，常用的方法有平板计数法。具体步骤如下：

使用75％酒精擦拭禽蛋样品表面进行消毒处理，用无菌刀具小开蛋壳后取适量蛋白和蛋黄，充分混匀；称取约10 g样品置于无菌试剂瓶或袋中，加入90 mL无菌生理盐水充分混匀制成初始稀释液；根据需要检测的微生物种类，选择适当的培养基，如普通营养琼脂培养基、大肠杆菌选择性富集培养基等；将所选的培养基加热至液态状态，然后冷却至适宜温度（通常为45~50 ℃）备用；取适量的稀释后的样品，在已固化的培养基表面涂布，然后用无菌玻璃棒均匀涂布样品；将涂布后的培养基培养皿密封好，标记好培养条件（如温度和时间），然后置于恒温培养箱中培养；在适当的培养时间后取出培养皿，使用显微镜或计数板对菌落进行计数；根据所涂布的样品稀释倍数和计数得到的菌落数量，计算出样品中微生物的含量（图6-1）。

禽蛋中微生物检测也包括细菌真菌培养和聚合酶链反应（PCR）检测。

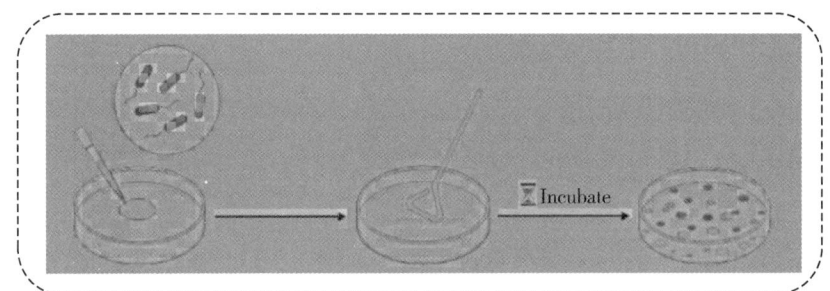

图 6-1 涂布平板法

细菌真菌培养是一种传统的检测方法，首先通过在无菌环境下对相应的细菌进行分离培养，观察菌落特征来判断病原体类型。再进行 DNA 提取，设计相应引物进行 PCR 鉴定。而 PCR 检测是一种快速、敏感的检测方法，通过扩增病原体的 DNA，可以检测禽蛋中的细菌和真菌 DNA，从而确定感染的类型和程度。

总的来说，临床诊断和实验室检测方法在禽类细菌、真菌感染的检测中起着重要作用。养殖户应密切关注禽类动物的生长状态和精神状态，发现异常及时进行检测，以便尽早采取措施，降低损失。同时，实验室检测方法的发展也为禽类疾病的诊断提供了更多选择，为养殖业的可持续发展提供了保障。

禽蛋质量安全检测技术目的主要是确保餐桌上的食品安全。禽蛋，作为人们日常生活中常见的食品之一，其质量和安全性备受关注。在我国禽蛋市场庞大，消费者对食品安全的要求也越来越高。为此，禽蛋质量安全检测技术成为保障禽蛋食品安全的重要手段。禽蛋中的营养成分丰富，对人体健康具有重要作用。然而，如果禽蛋受到污染或质量不佳，可能会对人体造成危害。随着现代畜牧业的发展，禽蛋产量不断增加，同时也带来了质量安全隐患。例如，饲料中添加剂的滥用、饲养环境的恶化等都可能影响禽蛋的质量。禽蛋质量安全检测技术有助于发现问题，及时进行整改，确保禽蛋市场的健康发展。

通过以上多种检测技术的综合应用，可以全面保障禽蛋质量安全，从源头把控禽蛋的生产过程，确保消费者餐桌上的食品安全。同时，各类检测技术为政府、企业和个人提供了有效的监管手段，有助于建立健全禽蛋质量安全体系，提升我国禽蛋产业的整体竞争力。

第七章 禽蛋质量安全风险评估

一、食品安全风险评估框架

食品安全风险评估中最基础的两个概念,一个是风险,另一个是危害。根据联合国化学品安全项目中的定义,风险为暴露某种特定因子后在特定条件下对组织、系统或人群产生有害作用的概率;危害是指当组织、系统或人群暴露在某种特定因子下而有可能产生或导致有害作用的这种特定因子或状况的固有特性。国际食品法典委员会的《程序手册》中也对危害和风险进行了定义。危害是指食品中存在或因条件改变而产生的对健康不良作用的生物、化学和物理等因素。风险是指食品中的危害因子产生对健康不良作用和严重后果的概率函数。

国际食品法典委员会定义风险分析为由风险评估、风险管理和风险交流组成的一个过程。风险评估是对有害事件发生的可能性和不确定性进行的评估,由危害识别、危害特性、暴露评估和风险描述4个步骤组成。风险管理是在咨询了利益双方的前提下,综合考虑风险评估结果、保护消费者安全和促进公平贸易相关因素的基础上,权衡管理政策改变的影响,并在需要时选择合适的防控措施的过程。风险交流是通过风险分析的过程,在对风险、风险相关因素和风险认知的基础上,在风险评估者、消费者、工业界、学术团体和其他利益相关者之间交换信息和建议,包括对风险评估结果的解释和风险管理决定的基础等。风险分析的三者之间或相互之间需要信息交换。

食品安全风险分析的时候,必须规定相关条件,也就是对"事件"进行界定,并在这些条件之上得出有关结论。风险评估中对"事件"应进行三方面的界定，即过程、可能后果和目标人群。"如何发生"是摄入某一有害物质的事件，其发生条件的可能性。例如特定人群（如婴幼儿）食用某种食物的次数。"结果如何"是指摄入某危害因素后产生的不良后果的可能性。在描述一个事件时，应对该事件产生的有害作用的可能性和不确定性进行预测。事件、可能性和结果三要素并没有对风险评估的方法进行限制。

风险评估主要由4个步骤组成，分别为危害识别、危害特征描述、暴露评估和风险特征描述。

（一）危害识别

危害识别是对可能存在于特定食品和食品类别中具有导致有害作用的生物、化学和物理等因子的识别。危害识别中应主要考虑的问题包括：一是任何可能暴露于人群的对健康危害的属性，二是危害发生的条件。危害识别过程包括对人群或家畜的观测数据、实验动物研究数据、离体研究数据等进行分析，从研究到观测，从低剂量到有害作用的发生，从作用的靶器官到靶组织的识别，最后对给定的暴露条件下可能导致有害作用是否需要评估做出科学的判断。

（二）危害特征描述

危害特征描述也称剂量-反应评估，是指对可能存在于食品中的生物、化学或物理等危害因子产生的有害作用的属性进行定性或定量评价。对于化学危害因子而言，应进行剂量-反应评估。对于生物或物理危害因子，当有足够的数据时，进行剂量-反应评估。同时，需要确定随着暴露剂量的增加观测到的首先出现的有害作用的剂量。

危害特征描述主要描述摄入剂量（暴露剂量）和有害作用事件发生之间的关系。危害特征描述中需要了解几个关键的概念。阈值，在一定的剂量之下有害作用不会发生。这个剂量称为未观察到有害作用剂量（No Observed Adverse Effect Level，NOAEL）或无观测作用剂量（No Observed Effect Level，NOEL），并被认为是化学危害因子特定作用的大约阈值。通常，NOAEL或NOEL被作为风险描述的最初或参考作用点。基准剂量（Bench Mark Dose，BMD）和对特定事件（如5%或10%事件发生）采用执行区间下限（Lower Confidence Limit，LCL），如ED10hkuo、ED05等概念。通过比较BMDL，可以明确关键的作用，最低的BMDL作为风险描述的作用始点。

对于有阈值的化合物，通过毒理学方法得出其每日允许摄入量（Acceptable Daily Intake，ADI）。实验获得的 NOEL 或 NOEAL 值乘以合适的安全系数等于安全水平或每日允许摄入量，即每日允许摄入量（mg/kg 人体重）= 无观测作用剂量（mg/kg 动物体重）/安全系数。JECFA 和 JMPR 采用安全系数以克服人群中的不确定性，如人体遗传特性差异和人类的饮食习惯差异。

对于无阈值的物质，比如致突变、遗传毒性致癌物而言，一般不能用"NOEL-安全系数法"来制定允许摄入量，因为即使在最低的摄入量时，仍然有致癌的风险存在。动物实验得出的 BMDL 被用作风险描述的起始点（point of departure），对致癌物进行定量风险评估。FDA、EPA 选用百万分之一（10^{-6}）作为一个可接受的风险水平。

（三）暴露评估

暴露评估是指对通过食品和其他相关的来源暴露的生物、化学和物理等危害因子可能的摄入量的定性和（或）定量评价。摄入量/暴露评估是风险评估的第三步，决定人体暴露危害因子的实际或预期量。暴露评估是考虑膳食中特定危害因子的存在和浓度、消费模式、摄入含有特定危害因子的问题食品和含有高含量特定危害因子食品的可能性等。暴露评估应充分考虑到不同的膳食模式和潜在的高消费人群。

暴露评估通常采用数学模拟模型，常用为点评估和概率评估。点评估（Point Estimate）的数据输入为单一的数字，例如平均值或 95% 置信区间的上限值。点评估应用比较简单，节省时间，但是点评估的不足在于对风险情况缺乏全面、深入的理解，忽略了评估信息中的"变异性"和"不确定性"，如"最坏情况"的评估只是作为最保守的估计，结果常常在现实中是不客观的，容易带来对风险问题的错误理解。

概率评估（Probabilistic Assessment）包括对于各参数变化性与不确定性参数分布的描述，主要运用的是蒙特卡罗模拟方法（Monte Carlo Method），进行大量随机抽样计算来分析数据的变异性。使用 bootstrap 方法多次从样品含量 n 的原始数据中有放回地随机抽取 i（$i \leqslant n$）观察单位组成新样本，然后对每个样本进行蒙特卡罗模拟方法分，分析数据的不确定性。Bootstrap 方法基于样本再抽样，只要样品代表性好，多次抽样能够有效降低标准误差，减少不确定性。蒙特卡罗模拟方法一般先拟合分布，然后进行抽样，可以认为是从总体中抽样，能够有效地量化变异性。但蒙特卡罗模拟方法的运用也可能会成为不确定性的一个来源。

暴露评估模型：

$$EDI = \frac{\sum (C_i \times F_i)}{bw} \qquad (7-1)$$

式中，EDI 为每日估计摄入量，单位为 μg/（kg/d）；C 为第 i 种食物的污染浓度，单位为 μg/kg；F 为第 i 种食物的消费量，单位为 kg/d；bw 为体重，单位为 kg。

（四）风险特征描述

风险特征描述是对特定人群造成可知或潜在有害作用的发生概率和不确定性的定性和（或）定量估计。风险特征描述将提供不同的暴露模式情况下对人体健康潜在的风险估计，包括关键性的假设，对人体健康风险的属性、关联性和范畴、对风险管理者的定性定量建议等。

定性估计是根据危害识别、危害描述以及暴露评估的结果给予高、中、低的定性估计。定性估计的建议以下内容：

——即便在高暴露的情况下，化学物质没有毒性的陈述/证据。

——特定使用量情况下化学物质是安全的陈述/证据。

——避免、降低或减少暴露的建议。

定量估计应包括以下内容：

——基于健康参考值。

——不同暴露水平的风险估计。

——最低和最高摄入量时的风险。

评价的危害物如有阈值，暴露量与健康指导值（Health-Based Guidance Values，HBGV），如 ADI，比较对人群风险进行描述。风险描述公式为：

$$HQ = \frac{EDI}{HBGV} \times 100\% \qquad (7-2)$$

式中，HQ（Health Quotient）为风险商，单位为 100%；EDI 为每日估计摄入量，单位为 μg/（kg/d）；$HBGV$ 为健康指导值，如农兽药的健康指导值为 ADI，单位为 μg/（kg/d）。当两者比值小于 1，该危害物对食品安全影响的风险是可以接受的；当两者比值大于 1，该危害物对食品安全影响的风险超过了可以接受的限度，应当采取适当的风险管理措施。

评价的危害物没有阈值，对人群的风险是暴露量和危害程度的综合结果，即食品安全风险=暴露量×危害程度。

风险特征描述应清晰地解释风险评估过程基于科学的数据缺乏而产生的

任何不确定性,还应包括易感人群的相关信息、最大潜在暴露情况和(或)特定的生理或基因等影响。风险评估之后既可以用于风险管理决策,也可以进一步分析并对影响因素进行研究。

二、暴露评估相关的数据库资源

(一)食物消费量数据库

食物消费量数据可参考 2012 年 GEMS/FOOD 公布的消费组 G09(东亚地区包括中国在内)。农产品大份餐消费数据参照国际食品法典委员会(CAC)公布的国际估计短期摄入量(IESTI)计算器中中国人群的大份餐消费量。我国不同人群农产品消费量可参考《第四次中国总膳食研究》《第五次中国总膳食研究》。

(二)基于个人调查方法收集的数据库

美国农业部(USDA)食品摄入量不间断调查(CSFII)资料。美国全国健康和营养问卷调查(NHANES)为美国个人提供的 2 d(CSFII)、1 d 或 2 d(NHANES)的食品消费量数据资料,同时包括人口和个人测量数据(年龄、性别、人种、民族、体重和身高)。我国不同人群相关信息可参考《第四次中国总膳食研究》(表 7-1)。

表 7-1 不同年龄和体重人体各类食品摄入量

年龄性别	体重/kg	谷类/g	豆类/g	薯类/g	肉类/g	蛋类/g	水产类/g	乳类/g	蔬菜类/g	水果类/g	糖类/g	饮料及水类/g	酒类/g	合计/g
2~7 岁	17.9	228.3	22.7	27.4	47.1	26.5	37.6	83.9	185.4	75.5	19.6	168.1	4.7	926.9
8~12 岁	33.1	372.7	27.8	41.1	68.6	29.8	38.6	52.0	272.4	141.5	23.4	221.2	6.0	1 295.2
13~19 岁男	56.4	523.2	44.4	49.3	92.6	34.2	42.4	47.9	328.1	229.1	20.4	317.5	22.8	1 752.1
13~19 岁女	50.0	422.9	40.1	44.0	68.9	32.9	43.0	57.0	336.5	186.4	29.5	281.9	3.5	1 545.9
20~50 岁男	63.0	530.3	57.0	52.3	92.6	31.0	53.3	42.0	379.8	151.5	36.7	296.5	107.5	1 830.9
20~50 岁女	56.0	453.5	44.3	46.9	70.9	33.9	45.0	39.9	356.2	163.2	29.5	268.0	22.4	1 583.4
51~65 岁男	65.0	522.1	68.5	48.9	84.3	37.3	51.5	60.7	390.3	189.0	57.4	344.9	49.2	1 904.0

续表

年龄性别	体重/kg	谷类/g	豆类/g	薯类/g	肉类/g	蛋类/g	水产类/g	乳类/g	蔬菜类/g	水果类/g	糖类/g	饮料及水类/g	酒类/g	合计/g
51~65岁女	58.0	443.1	58.1	44.3	57.4	34.6	41.1	55.8	352.9	158.5	37.4	300.3	28.2	1 611.7
>65岁男	59.5	456.5	56.4	45.2	58.3	65.0	39.5	53.5	340.7	127.3	37.3	250.6	41.4	1 571.6
>65岁女	52.0	365.7	39.6	40.9	52.5	32.1	40.7	38.2	316.7	133.1	25.8	176.6	15.9	1 277.9

（三）毒理评估相关的健康指导值

农兽药毒理学参考剂量综合参照 JMPR 评估报告、欧洲食品安全局（EFSA）的评估报告以及我国 GB 2763—2021《食品安全国家标准 食品中农药最大残留限量》、GB 31650—2019《食品安全国家标准 食品中兽药最大残留限量》、GB 31650.1—2022《食品安全国家标准 食品中41种兽药最大残留限量》中的参考剂量 ADI 值。

重金属的暴露量均以世界卫生组织食品添加剂联合专家委员会（JECFA）推荐的可耐受量为标准进行评价，其中镉的每月可耐受量 PTMI 为 25（μg/kg）/m，汞的每周可耐受量 PTWI 为 4（μg/kg）/w。

三、禽蛋中农药残留的膳食暴露评估

在膳食暴露评估中，结合食品中的农药残留数据以及覆盖一般人群和重点人群（如儿童、孕妇等）的膳食消费数据，估计膳食暴露量。膳食暴露 = Σ（食品中农药残留浓度×膳食消费量）/体重。膳食暴露评估一般分为慢性膳食暴露评估和急性膳食暴露评估，慢性暴露指每天暴露并持续终生，急性暴露指 24 h 以内的暴露。

食品中农药残留数据的来源主要有农药残留试验、最大残留限量（Maximum Residue Limit，MRL）、监测数据以及文献等。对于动物源性食品，第一步基于饲料中的农药残留数据和畜禽的饲料摄入数据，计算畜禽通过饲料所摄入的残留物的量，即畜禽摄入负荷；第二步基于畜禽饲喂试验获得的饲料中农药浓度与畜禽可食组织、奶、蛋中农药的残留水平的关系方程和畜禽摄入负荷，采用直接估算、内插法或转化系数法等方式估算动物源性食品中农药的残留水平。

膳食消费数据主要来自各国食物生产、损失或使用情况的国家统计资料。FAO 依据成员国官方数据或通过国家食物生产和消费的统计信息的估计数据，建立了一个包含超过 245 个国家的膳食消费数据库（FAOSTAT）。WHO 基于 FAOSTAT 建立了全球环境监测系统/食品污染监测与评估计划（GEMS/FOOD）17 区膳食分类表。一些国家和地区基于人群调查方法统计数据，建立膳食消费数据库，例如美国农业部经济研究所和澳大利亚统计局。也有一些国家和地区基于个体调查方法获得数据，例如许多欧洲国家的国家膳食消费调查，EFSA 的综合欧洲食物消费数据集。我国的膳食消费数据也是来自国家层面，主要采用《中国居民营养与健康状况调查》所提供的包括 25 组食物的分组膳食数据。

JMPR 和我国主要采用点评估方法开展膳食暴露评估。JMPR 采用 GEMS/FOOD 膳食分类表、规范残留试验中值（STMR）和最高残留值（HR），考虑食物可食部分和加工过程校正系数，利用获得的最佳信息，采用一步法进行评估，计算国际估算每日摄入（International Estimated Daily Intake，IEDI）和国际估算短期摄入量（International Estimated Short-Term Intake，IESTI），我国使用国家膳食风险评估表和 STMR 计算国家估计每日摄入量（National Estimated Daily Intake，NEDI）。

四、禽蛋中兽药残留的膳食暴露评估

国际兽药残留的食品安全风险评估工作主要由联合国粮食及农业组织和世界卫生组织食品添加剂联合专家委员会（JECFA）负责开展。JECFA 作为一个科学咨询机构向 FAO、WHO、CAC 及成员国政府提供咨询。兽药残留暴露评估是指兽药经过动物源食品被摄入的定性或定量评价。

兽药残留膳食暴露评估过程中，需要三方面的资料。一是动物源食品中的残留物质及其浓度资料；二是消费者每天的动物源食品摄入量的相关资料；三是药物残留的毒理学数据 ADI。第一方面的资料包括：其一，世界上不同国家和地区的良好兽药使用规范，包括活性成分、靶动物、给药途径、推荐的给药剂量和确定的休药期等；其二，在最大推荐给药剂量、给药频率和途径下的靶动物药物动力学、代谢和残留消除研究，这些研究应该提供关于总残留的资料（包括游离和结合残留物）、标示残留物的选择、制定 MRL

的靶组织以及标示残留物与总残留之间的比率关系；其三，在残留消除研究中所用的分析程序的描述和性能特征；其四，用于管理部门进行残留监控的常规分析方法。第二方面的资料，我国人群的膳食摄入数据可参考《第四次中国总膳食研究》（表7-1）。第三方面的资料，药物残留的毒理学数据可参考 GB 31650—2019《食品安全国家标准 食品中兽药最大残留限量》、GB 31650.1—2022《食品安全国家标准 食品中41种兽药最大残留限量》中的参考剂量 ADI 值。估计的药物残留暴露量与 ADI 进行比较，如果比值大于1，表示存在膳食摄入暴露风险；如果比值小于1，表示膳食摄入暴露风险可以接受。

五、禽蛋中重金属的膳食暴露评估

重金属对人体的许多器官和组织均有危害，其中饮食是居民重金属暴露量的主要途径。针对食品中重金属污染暴露评估，这一过程涉及几个关键步骤：识别存在于食品中的重金属污染物、评估这些污染物对人体健康的潜在危害，以及估计人群暴露于这些污染物的程度。在进行风险评估时，通常会收集和分析数据，以确定某种重金属在特定食品中的存在程度及其变化范围。然后评估污染物进入人体后可能导致的健康效应，深入理解这些物质如何在体内分布、代谢和排出，以及它们如何影响人体的生物过程。

风险评估的最终目标是为政策制定者提供科学依据，帮助他们制定控制或减少食品中重金属污染的策略和措施，从而确保公众健康。通过风险评估，可以确定哪些重金属污染物是优先控制的目标，以及需要采取哪些预防措施来减轻这些污染物对人体健康的潜在影响。

食品中重金属风险评估采用美国环境保护署（EPA）暴露剂量-反应外推模型对重金属元素引入的健康风险进行评价。

化学致癌物风险模型：

$$R_{ig}^c = \frac{1 - \exp(-D_{ig} q_{ig})}{70} \qquad (7-3)$$

式中，R_{ig}^c 为化学致癌物经食入途径产生的个人平均致癌年风险（a^{-1}）；D_{ig} 为化学致癌物经食入途径的单位体质量日均暴露剂量［mg/（kg·d）］；q_{ig} 是致癌强度系数（kg·d/mg）；Cd 和 As 的致癌强度系数 q_{ig} 分别为 6.1（kg·d）/mg、15（kg·d）/mg；70 为人类平均寿命（岁）。

非致癌污染物风险模型：

$$R_{ig}^n = \frac{D_{ig} \times 10^{-6}}{PAD_{ig} \times 70} \quad (7-4)$$

式中，R_{ig}^n 为非致癌污染物经食入途径所致健康危害的个人平均致癌年风险（a^{-1}）；D_{ig} 为非致癌污染物经食入途径的单位体质量日均暴露剂量 [mg/（kg·d）]；PAD_{ig} 为非致癌污染物的食入途径调整剂量 [mg/（kg·d）]，$PAD_{ig} = RfD_{ig}$/安全因子，RfD_{ig} 为非致癌物质参考剂量，Hg 和 Pb 的非致癌物质参考剂量 RfD_{ig} 值分别为 3.0×10^{-4} mg/（kg·d）、1.4×10^{-3} mg/（kg·d），本书安全因子取值为 10；70 为人类平均寿命。

预期寿命损失：预期寿命损失将致癌和非致癌污染物的危害在同一框架下比较和归纳，在致癌风险为 1.0×10^{-5}（a^{-1}）的污染物暴露下，中国地区标准人预期寿命损失为 62.16 min，且两者呈很好的正相关关系。乳蛋类食品中重金属导致的预期寿命损失计算公式：LLE = 62.16（$R/10^{-5}$），式中，LLE（Loss of Life Expectancy）：预期寿命损失（min）；R：致癌风险值，为致癌与非致癌污染物健康风险值的加和。

第八章 禽蛋质量安全管控措施

禽蛋作为一种富含营养的重要食材，在我国居民的日常饮食中起着不可或缺的作用。随着我国民众对食品营养和健康问题的日益重视，禽蛋作为优质且价格亲民的蛋白质来源，其消费需求逐年攀升。如今，我国已经在全球禽蛋存栏量上取得了领先地位。然而，值得关注的是，我国禽蛋的生产很大程度上依赖于中小型养殖户。这些养殖户在养殖条件、设施以及标准化体系方面，存在一定的安全风险隐患。因此，本章内容将详细讲述禽蛋从生产、加工、运输到售卖全过程中的质量安全管控措施，旨在说明禽蛋质量安全管控过程的重要性。

一、生产设施设备

首先是禽蛋生产环节中的质量安全问题。主要包括饲养、产蛋、收集、运输、加工和售卖等过程。中小型养殖户在养殖过程中，应当注重饲料的质量和疫苗的使用，以防禽蛋内的有害物质超标。同时，养殖户还需要定期对禽舍进行消毒处理，降低疫病传播的风险。在养殖过程中，要密切关注禽类的生长状况，及时发现并治疗病症，确保禽蛋的源头安全。

规模化养殖场作为禽蛋生产的重要基地，其设备和用地的专业设计与布局显得尤为重要。一个高效的养殖场不仅需要完善的饲养设备，还需要合理的空间规划，以确保禽类的生长环境良好，同时满足日常饲养、管理、卫生防疫等各方面的需求。

在设备方面，养殖场通常配有舍笼、饲喂、饮水、清粪、光照、降温、供暖等设施，舍笼作为禽类的生活空间，其设计需考虑到不同生长阶段的需求，如育雏笼、育成笼和产蛋笼等。饲喂设备则包括料桶、喂料车、链板式饲喂等，以满足禽类的日常饲料需求。饮水设备则确保禽类随时能够饮用到清洁的水源，同时防止水源受到污染。清粪设备则能够及时清理禽舍内的粪便，保持禽舍环境的卫生。

此外，光照和温控设备也是规模化养殖场不可或缺的部分。光照设备能够模拟自然光照，为禽类提供适宜的光照条件，促进其生长发育。而温控设备则能够根据季节和天气变化，调整禽舍内的温度，为禽类创造一个舒适的生长环境。

在用地方面，养殖场的布局同样需要专业设计。首先，养殖场应合理规划不同功能区域，如饲养区、管理区、生活区等，以确保各项工作有序进行。其次，禽舍的建设应考虑到通风、采光、保温等因素，为禽类提供舒适的生活环境。同时，禽类之间应保持适当的距离，以减少疾病传播的风险。

此外，养殖场还需要配备完善的配套设施，如供水、供电、排水、库房、监控系统等。这些设施能够确保养殖场的正常运转，同时提高生产效率。

在养殖场及生产区入口，应设置消毒池和自动喷雾设备，对进出人员和运输工具进行消毒，以防止病原体的传播。产蛋禽舍作为禽蛋生产的核心区域，其环境质量的优劣直接影响到禽蛋的品质和产量。因此，保持禽舍内环境清洁、干燥、通风良好是至关重要的。

综上所述，规模化养殖场的设备和用地设计是禽蛋生产过程中的重要环节。通过专业设计和布局，可以为禽类创造一个舒适、安全、健康的生长环境，从而提高禽蛋的产量和品质。同时，加强日常管理和防疫工作也是确保养殖场稳定运营的关键所在。

二、生产过程管控

除了硬件设施外，养殖场的日常管理同样重要。饲养人员需要定期对鸡只进行健康检查，及时发现并处理异常情况。同时，还需要对饲料、水源等进行定期检测，确保质量安全。此外，养殖场还应建立完善的防疫制度，定期进行疫苗接种和消毒工作，以降低疾病发生率。

（一）饲喂原料

病从口入，最需要注意的就是禽类的饲喂原料。相关养殖企业应当从具有生产经营许可证的企业购买质量合格的饲料以及饲料添加剂。自制饲料所用的原料和饲料添加剂也应当符合国家饲料主管部门颁布的《饲料原料目录》和《饲料添加剂品种目录》。饲料药物添加剂的使用符合农业农村部《饲料药物添加剂使用规范》且应执行休药期相关规定。饲料在使用前也应当注意检查，确定无霉变、无异物、无结块、无病虫等情况后再进行使用。不可以使用过期、变质的饲料以及饲料添加剂。

1. 饮用水

饮用水应取自无污染的水源，水质符合 NY 5027—2008《无公害食品 畜禽饮用水水质》标准要求。同时要定期检测禽类饮用水水质，定期对饮水设备进行清洗、消毒，保持卫生环境。

（二）兽药添加

兽药添加也要符合相关规定，同时对于明令禁止的兽药养殖企业不应当在生产过程中使用。购买渠道也应当是具有生产许可证明的兽药生产供应商，使用时也应当在执业兽医指导下使用。具体兽药使用量以及允许最大兽药残留量见第五章中具体要求。

1. 疾病防控

疾病防控主要从清洁消毒、免疫接种和疾病控制扑灭三方面进行。

清洁和消毒：每天清扫禽舍，保持笼具、料槽、水槽、用具、照明灯泡及舍内其他配套设施的清洁，保持舍内洁净。定期对地面、料槽、水槽等饲喂工具进行消毒，定期对禽舍空气进行喷雾消毒，定期对场区内道路、场周围及场内污水池、下水道等进行消毒。蛋箱或蛋托使用前后均应消毒。工作人员应在收集禽蛋前后洗手消毒。

2. 免疫接种

养殖场应根据本地区疫病发生情况、疫苗性质和其他相关情况制定适合本场的免疫程序。疫苗需购自农业农村部批准的兽药生物制品生产企业。使用和贮存需按照冷链运输要求执行。定期对免疫动物进行抗体水平监测，及时进行强化免疫。对于高致病性禽流感 H5 和 H7 亚型必须按照程序对禽类进行强制免疫。

3. 疾病控制和扑灭

原则是"早快严小"。"早"即及早发现和及时报告动物疫情;"快"即迅速采取各项措施,防止疫情扩散;"严"即严格执行疫区内各项严厉的处置措施,在限期内扑灭疫情;"小"即把动物疫情控制在最小范围之内,使动物疫情造成的损失降到最低程度。

4. 无害化处理

无害化处理是指用物理、化学等方法处理病死动物尸体及相关动物生产过程中的废弃物,消灭其所携带的病原体,消除动物尸体危害以及相关废弃物的过程。

病死禽:应及时清理病死禽,并进行无害化处理。

废弃物:专设防雨、防渗漏、防溢流的粪便贮存场所,粪便经发酵或无害化等处理。废水排放需符合相关标准。定期整理过期、变质产品和兽药及其包装,按照国家法律法规相关规定进行安全处理。保持场区整洁,垃圾及时收集、清运。

不合格产品:对休药期内、残留超标或卫生指标不合格的禽蛋进行无害化处理。

三、加工及运输

禽蛋加工与运输环节的规范化管理是保障食品安全的关键。

(一)加工

1. 清洗

在这一步骤中,企业需要严格按照国家相关法律法规,对禽蛋进行彻底的清洗。清洗过程中,应使用安全的清洗剂,并确保清洗设备干净、卫生。清洗后的禽蛋应立即进入下一环节,以减少污染风险。

2. 消毒

清洗后的禽蛋需进行消毒处理。企业要选用合适的消毒剂,并确保消毒过程符合国家相关规定。消毒后的禽蛋应再次进行清洗,以去除残留的消毒剂。

3. 干燥

消毒后的禽蛋需进行干燥处理。干燥环境应保持清洁、通风,以确保禽蛋表面水分迅速蒸发。干燥后的禽蛋应进行检测,确保其水分含量符合国家食品安全标准。

4. 包装

干燥合格的禽蛋应进行包装。包装材料应具有良好的密封性能和抗冲击性,以保护禽蛋在运输和储存过程中不受损。包装上需注明产品名称、规格、生产日期、保质期等信息,便于消费者了解产品详情。

(二) 内部管理

企业应加强内部管理,确保加工过程中的卫生安全和产品质量。企业要定期对员工进行食品安全培训,提高员工的食品安全意识。同时,企业还需建立完善的食品安全追溯体系,确保产品来源可查、去向可追。

(三) 运输

禽蛋运输过程中,运输工具应保持清洁、干燥。企业要定期对运输车辆进行清洗、消毒,以防止禽蛋在运输过程中受到污染。

(四) 温度和湿度控制

运输过程中,要严格控制温度和湿度。温度应保持在 4 ℃左右,湿度控制在 75 % 左右,以延缓禽蛋的新陈代谢,防止禽蛋变质。

(五) 运输

运输人员需定期检查禽蛋的包装,确保其完好无损。如发现包装破损、渗漏等问题,应及时进行修复或更换,防止禽蛋在运输过程中受到污染。运输过程中要确保禽蛋运输平稳、安全。避免剧烈震动和颠簸,以免损坏禽蛋。同时,要密切关注运输过程中的气象条件,及时应对突发状况,确保禽蛋运输的安全顺利进行。

通过以上规范化管理,禽蛋从加工到运输的全过程都得到了有效保障。

只有严格把控各个环节,才能确保禽蛋产品的食品安全,为消费者提供健康、美味的禽蛋产品。

四、售卖环节

在这一环节中,销售商要确保禽蛋的储存条件符合规定,如温度、湿度等。销售人员还需定期检查禽蛋的保质期,对过期产品及时进行清理。在销售过程中,要确保消费者了解禽蛋的质量安全信息,保障消费者的知情权。具体有以下几个方面。

保持禽蛋的新鲜度:确保禽蛋存放在适当的温度下,避免过期或变质的禽蛋出售。

清洁卫生:保持售卖禽蛋的环境清洁卫生,定期清洁禽蛋的容器和陈列架。

包装完整:确保禽蛋包装完整,没有破损或裂缝,以防止细菌污染。

标签清晰:确保每个禽蛋包装上都有清晰的生产日期和保质期标签,方便消费者选择。

安全储存:避免将禽蛋存放在污染或异味的环境中,保持干燥通风。

定期检查:定期检查禽蛋的质量和新鲜度,及时处理有问题的批次。

五、政府部门监管

从农业农村部到地方各级政府部门均应当明确自己的职责,执行上级部门的相关规定,同时,对下级部门进行指导,保证监管体系的完整。

国家级部门则负责建立禽蛋质量监测体系,制定国家标准和质量检测方法。他们对禽蛋的生产、加工、运输和销售环节进行监督和检查,以确保每一个环节都符合国家标准。此外,他们还会组织开展禽蛋质量抽检和抽查,对不合格产品进行处理,有效保障了我国消费者的权益。

农业农村部负责统筹和管理国家的农业和农村工作,在我国禽蛋产业的质量管理中起着至关重要的作用。他们负责制定并发布有关禽蛋质量管控的相关政策法规,为全国禽蛋生产和销售环节的质量管理提供指导和监督。此外,农业农村部还组织专家进行技术指导和培训,以推动我国禽蛋产业的健康发展。这一系列的举措旨在确保我国禽蛋产品的质量，提升我国禽蛋产业在国际市场的竞争力。

各级政府部门也都在积极履行职责，确保禽蛋质量的安全。省级农业农村主管部门负责指导和协调本地区禽蛋产业的质量管控工作，制定本地区的相关政策和标准。他们会组织开展禽蛋生产企业的质量检查和评估，加强对禽蛋市场的监督和管理，确保市场上的禽蛋产品符合质量要求。

省级部门在国家标准的基础上，结合本地区的实际情况，制定更加具体和严格的禽蛋质量标准和管理办法。他们对禽蛋生产企业的监督和指导，有助于推动禽蛋产业的规范化发展。

地级市部门则负责执行国家和省级的禽蛋质量管理政策和标准，加强对本地区禽蛋市场的监督和管理。他们会组织开展禽蛋质量抽检和抽查，及时处理发现的质量问题，保障消费者的权益和健康。

总的来说，从国家级到地方各级政府部门，他们都致力于确保我国禽蛋产品的质量，推动我国禽蛋产业的发展。通过制定严格的法律法规，组织专家培训，以及对各环节的严格监督，为我国禽蛋产业的健康发展提供了有力的保障。同时，也确保了消费者的权益，为我国消费者提供了安全、高质量的禽蛋产品。

六、样品检测

在我国，禽蛋作为人们日常饮食中的重要食品之一，其质量安全问题备受关注。禽蛋中残留的农药、兽药、重金属等有害物质对人体健康构成严重威胁，因此，制定一套完善的禽蛋质量安全检测标准和方法，对保障人民群众"舌尖上的安全"具有重要意义。

（一）禽蛋质量安全检测标准

禽蛋质量安全政策及标准是保障禽蛋产品安全、卫生的重要措施。禽蛋的质量安全需要符合国家食品安全标准。农兽药、重金属以及其他的有害物质含量均要符合相关规定部门［例如：国际食品法典委员会（CAC）、《食品安全国家标准　食品中兽药最大残留限量》和《食品安全国家标准　食品中农药最大残留限量》等］的法律法规。

(二) 禽蛋质量安全检测机构

禽蛋产品在投入市场进行售卖时需要在相关食品质量安全检测机构进行检测。中国涉及禽蛋质量安全的检测机构主要有国家畜禽品质监督检测中心、中国质量认证中心和省级食品安全监督检测中心。

国家畜禽品质监督检验中心是中国国家级的畜禽产品质检机构，负责对畜禽产品进行检验和监督，包括禽蛋的安全检测。

中国质量认证中心提供禽蛋的产品质量认证和检测服务，确保禽蛋符合相关国家标准和规定。

省级食品安全监督检测中心也提供禽蛋的安全检测服务，确保当地产品的质量安全。

禽蛋质量安全检测频率的制定如下。

生产企业：对禽蛋生产企业进行定期检测，确保产品符合质量安全要求。检测频率可根据企业规模、产品类型等因素制定。

市场销售环节：对禽蛋产品在市场销售环节进行不定期抽检，确保流通领域的产品质量安全。

进口禽蛋产品：对进口禽蛋产品实施严格的检测制度，确保进口产品的质量安全。

(三) 禽蛋质量安全检测报告公示

1. 检测结果报告

检测机构应及时向企业出具检测报告，企业应按照报告要求进行整改。

2. 检测结果公示

各级检测机构应定期向社会公示禽蛋产品质量安全检测结果，提高产品的透明度和可追溯性。

3. 禽蛋质量安全检测处罚机制的建立

违规处罚：对检测不合格的企业和产品，依据国家法律法规进行处罚，严肃处理违规行为。

责任追究：对检测过程中存在违法行为的检测机构和个人，依法追究其法律责任。

通过以上五个方面的政策制定和执行，可以确保禽蛋产品的质量安全，提高消费者对禽蛋产品的信任度，促进禽蛋产业的可持续发展。同时，也有利于构建我国食品安全体系，保障人民群众"舌尖上的安全"。

七、标准制定

食品安全标准的制定与实施对于确保食品质量和维护消费者权益具有重要的现实意义，能够规范食品生产和经营行为，促使企业加强管理和技术创新，提高食品质量和安全水平。同时能增加消费者对食品的信任度和满意度，促进食品市场的健康发展。

我国的食品安全标准主要由卫生行政部门负责制定和颁布，在食品安全标准制定过程中不仅要满足国家要求，还要充分考虑实际的食品生产需求和行业特点，以确保标准的实用性和可操作性。食品安全标准主要包括五大方面。其一，食品质量标准中应规定食品的各项指标和要求，如食品的成分、营养价值、微生物限量等，从而确保食品的品质和卫生。其二，食品添加剂使用标准中，应详细规定允许使用的食品添加剂的种类、最大使用量和适用食品范围，以保证添加剂的安全性和合理使用。其三，农药残留限量标准中应规定农产品中农药残留的最高限量，保护消费者的健康，防止摄入过量的农药而对人体产生潜在危害。其四，食品安全生产标准应规定食品生产过程中的卫生要求、操作规范和设备要求，确保食品生产过程的卫生和安全。其五，食品包装和标签标准中应规定食品包装和标签的要求，包括标签上的食品成分、营养信息、生产日期、保质期等，以便消费者了解食品的相关信息。

食品安全标准在食品安全管理中的实践运用包括三方面。

其一，食品检验。食品安全标准规定食品质量和安全的要求，食品检验机构可以根据标准制定相应的检验方法和指标，对食品进行检测和评估，判断食品是否符合安全标准。同时，食品安全标准能够为食品检验结果的解释和评估提供依据，如果检验结果超过标准规定的限量或指标，表明该食品存在安全风险，需要采取相应的措施进行处理，如召回食品、停止生产等。

其二，行政执法。食品安全标准本身具有法律效力，是国家对食品质量和安全要求进行规定的规范性文件，监管部门可以根据食品安全标准制定相应的执法规则和标准，对食品的生产、加工、销售等各个环节进行全面的监督和执法,依据食品安全标准对违法行为进行处罚和制止,从而保障食品安全。同时,食品安全标准为行政执法提供了可操作性,相关标准明确规定了食品的成分、微生物限量、农药残留等指标,监管部门可根据相关标准制定相应的执法检查项目和方法,对食品进行抽检和检测,判断食品是否符合安全标准,一旦发现食品不符合标准要求,监管部门可以依据标准进行相应的执法,以保障食品的质量和安全。

其三,刑事司法。食品安全标准明确规定了食品质量和安全的要求,包括食品的成分、微生物限量、农药残留等指标,一旦发生涉及食品安全的刑事案件时,法院可以依据这些标准对食品进行检测和评估,判断食品是否符合安全标准,并作为证据用于刑事审理,有助于查明事实和判定罪责。同时食品安全标准可为刑事司法提供判定标准,如果发生食品安全案件,法院可以根据食品安全标准来界定罪名,对违法行为进行定性和定罪,维护公共利益和社会秩序。此外,食品安全标准的应用能够为刑事司法提供科学的依据和技术支持,在刑事司法中法院可依据食品安全标准进行食品检测和鉴定,采用科学的方法和技术进行证据的收集和分析,确保刑事审判的公正性和科学性。

八、技术培训指导

为了进一步提高我国禽蛋质量安全监管的效能,需要对监管人员进行全方位的技术培训和指导。以下是详细的培训和指导方案。

(一)系统化培训课程

组织相关领域的专家和机构,共同开展禽蛋质量安全监管的培训课程。这些课程内容包括禽蛋生产过程中的质量安全要求、检测方法、风险评估等方面的专业知识。通过系统化的学习,监管人员可以全面掌握禽蛋质量安全的各个方面,为实际的监管工作打下坚实的基础。

(二)实地考察与指导

各地监管部门安排监管人员深入禽蛋生产企业,进行实地考察和指导。这样不仅可以使监管人员了解企业的实际生产情况,还可以针对性地指导企业改进生产工艺和管理措施,提升产品质量安全水平。

（三）技术交流与分享

定期组织监管人员参加相关的学术会议、培训班和交流活动。通过这些平台，监管人员可以与其他地区或国家的专家和同行进行深入的技术交流，学习了解先进的监管技术和方法。

（四）实践操作与技能提升

组织监管人员参与实际的禽蛋质量安全检测工作，通过亲自动手操作，掌握检测仪器的使用方法和操作技巧，从而提高检测的准确性和效率。

（五）经验总结与案例分析

定期组织监管人员进行经验总结和案例分析，分享监管工作中的成功经验和教训。通过这种方式，监管人员可以不断提升自己的监管水平和效果，为禽蛋质量安全监管工作提供更有力的支持。

通过以上五大技术培训和指导措施，能够提高禽蛋质量安全监管人员的专业能力和监管水平。这将有助于确保禽蛋产品的质量安全，有力地维护消费者的权益和健康。同时，这也将有助于推动我国禽蛋产业的健康发展，为实现农业现代化和全面建设社会主义现代化国家的目标作出贡献。

综上所述，禽蛋的质量安全管控涉及多个环节，包括生产、加工、运输、售卖以及监督管理等多个方面。只有确保这些环节的质量安全，才能让广大消费者享受到美味、健康的禽蛋产品。为此，各方需共同努力，加强对禽蛋质量安全的监管和管理，共创美好生活。

第九章　禽蛋营养品质指标

禽蛋作为人类饮食中不可或缺的一部分，其营养价值备受关注。它们不仅是优质蛋白质的重要来源，还含有丰富的必需脂肪酸、维生素和矿物质等营养素。禽蛋的营养品质直接影响消费者的健康和蛋品产业的发展。因此，对禽蛋营养品质指标进行深入研究，对于指导消费者合理膳食、优化蛋品产业结构以及提升蛋品附加值具有重要意义。

一、研究禽蛋营养品质指标的意义和目的

（一）意义

1. 保障消费者健康

禽蛋作为重要的蛋白质来源，其营养品质直接影响消费者的营养摄入和健康状态。研究禽蛋营养品质指标有助于确保食品的营养价值，满足人体对各种营养素的需求，从而促进公共卫生和预防营养缺乏性疾病。

2. 指导合理膳食

了解禽蛋的营养品质指标可以帮助消费者根据自身的健康状况和营养需求，选择合适的禽蛋产品，实现合理膳食搭配。这对特殊人群（如儿童、孕妇、老年人等）尤为重要。

3. 提升蛋品市场竞争力

随着消费者对健康食品的关注度提高，禽蛋的营养品质成为影响购买决

策的重要因素。通过研究禽蛋营养品质指标，蛋品生产企业可以优化产品，提高市场竞争力。

4. 促进蛋品产业技术进步

禽蛋营养品质指标的研究推动了饲养管理、饲料配方、蛋品加工等技术的进步。这些技术的应用有助于提升蛋品的质量和安全性，促进产业的可持续发展。

5. 科学研究和技术发展

研究禽蛋营养品质指标有助于揭示禽蛋中营养素的相互作用和代谢机制，为营养科学和食品科学提供理论基础，促进相关检测技术和加工技术的发展。

（二）目的

1. 评价和监测

通过建立科学合理的评价体系，监测禽蛋产品的营养品质，确保产品质量。

2. 营养改善

发现影响禽蛋营养品质的关键因素，通过饲料改良、饲养管理优化等措施提升禽蛋的营养价值。

3. 风险评估

评估禽蛋中可能存在的营养风险，如胆固醇含量过高、重金属污染等，为消费者提供安全的产品。

4. 产品开发

根据不同消费者的需求，开发具有特定营养功能的禽蛋产品，如高Omega-3鸡蛋、低胆固醇鸡蛋等。

5. 科普教育

提供科学信息，增强公众对禽蛋营养价值的认识，促进健康饮食习惯的形成。

总之，研究禽蛋营养品质指标对于促进禽蛋产业的健康发展、保障消费者营养健康以及推动科学技术进步都具有重要的现实意义和长远目的。

二、禽蛋内在营养成分指标

禽蛋中的营养成分丰富，主要包括蛋白质、脂肪、碳水化合物、矿物质和维生素等。

（一）蛋白质

禽蛋，尤其是鸡蛋，含有丰富的蛋白质，主要包括卵清蛋白（Albumen）和卵黄蛋白（Vitellin）。卵清蛋白是蛋清中的主要蛋白质，占总蛋白质的 50%~60%，是一种水溶性蛋白质，易于消化吸收。卵黄蛋白则是蛋黄中的主要蛋白质，含量较高，富含必需氨基酸，营养价值高。

（二）脂肪

禽蛋中的脂肪主要集中在蛋黄中，其含量约占蛋黄总重量的 30%。蛋黄脂肪以甘油三酯为主，其中不饱和脂肪酸含量较高，特别是单不饱和脂肪酸油酸，对心血管健康有益。此外，蛋黄还含有卵磷脂、胆固醇等脂类物质。卵磷脂是细胞膜的重要组成成分，具有乳化、抗氧化等作用；胆固醇虽然被认为与心血管疾病风险相关，但适量摄入对人体也有重要作用。总的来说，禽蛋脂肪组成较为复杂，包含多种对人体有益的脂类物质，但需注意适量摄入。

（三）碳水化合物

禽蛋中的碳水化合物含量非常低，主要存在于蛋清中，以葡萄糖的形式存在。每 100 g 鸡蛋中仅含有约 0.7 g 碳水化合物，因此禽蛋通常被认为是低碳水化合物食物。这些少量的碳水化合物对禽蛋的整体营养价值影响不大，但对于需要严格控制碳水化合物摄入的人群，如糖尿病患者，仍需注意适量食用。

(四) 矿物质

禽蛋是矿物质的良好来源，尤其是蛋黄。蛋黄中富含铁、磷、锌、硒等矿物质，对维持人体正常生理功能至关重要。铁参与血红蛋白合成，有助于预防缺铁性贫血；磷参与骨骼和牙齿的形成，维持神经系统正常功能；锌参与免疫系统功能，促进伤口愈合；硒具有抗氧化作用，保护细胞免受自由基损伤。蛋清中矿物质含量相对较低，但仍含有少量钠、钾等元素。总体来说，禽蛋是膳食中矿物质的重要补充来源。

(五) 维生素

禽蛋同时也是多种维生素的重要来源。蛋黄中富含脂溶性维生素 A、维生素 D、维生素 E、维生素 K，其中维生素 A 对视力、免疫功能和细胞生长至关重要；维生素 D 促进钙吸收，维持骨骼健康；维生素 E 具有抗氧化作用，保护细胞免受损伤；维生素 K 参与凝血过程。此外，蛋黄还含有 B 族维生素，如维生素 B_{12}、核黄素和叶酸，对神经系统功能、能量代谢和细胞生长有益。蛋清中维生素含量相对较低，但仍含有一些 B 族维生素。总体来说，禽蛋是膳食中维生素的良好补充。

(六) 生物活性成分

1. 抗氧化成分

禽蛋除了含有上述的营养物质外，还含有重要的生物活性成分，如抗氧化剂。这些抗氧化剂包括维生素 A、维生素 E、硒以及类胡萝卜素如卵黄中的叶黄素和玉米黄质。这些成分有助于中和自由基，减少氧化应激，从而保护身体细胞免受损害，维护心脏健康，促进眼睛健康，并可能降低某些慢性疾病的风险。例如，维生素 E 是一种脂溶性抗氧化剂，有助于保护细胞膜免受氧化损伤，而硒则参与谷胱甘肽过氧化物酶的合成，这种酶在清除体内过氧化物中起着关键作用。叶黄素和玉米黄质则对眼睛健康尤为重要，它们集中在黄斑区域，有助于过滤有害的蓝光，降低黄斑变性和白内障的风险。因此，禽蛋中的这些抗氧化剂对于维持整体健康和预防疾病具有重要意义。

2. 胆碱

禽蛋同时也是胆碱的丰富来源，这是一种重要的水溶性维生素 B 复合物成员。胆碱在体内参与多种生物化学过程，包括细胞信号传导、脂质运输和代谢、神经递质合成以及遗传物质的甲基化。它是合成磷脂酰胆碱（一种细胞膜的主要成分）所必需的，对于维持细胞结构和功能至关重要。此外，胆碱还能促进大脑发育和认知功能，尤其是在胎儿和婴儿期。在成年人中，足够的胆碱摄入与改善记忆和认知表现有关。因此，禽蛋中的胆碱对于支持神经系统健康、优化大脑功能以及维护整体代谢平衡具有重要作用。

3. 卵白肽

禽蛋中含有一类重要的生物活性成分——卵白肽。卵白肽是由卵清蛋白经酶解或发酵处理后产生的一类具有生物活性的肽类物质。这些肽段通常由几个至几十个氨基酸残基组成，具有多种生理功能。研究发现，卵白肽具有降血压作用，可通过抑制血管紧张素转换酶（ACE）的活性，起到舒张血管、降低血压的效果。此外，卵白肽还具有抗氧化、增强免疫力、改善记忆力等作用。例如，某些卵白肽可以提高机体的抗氧化能力，清除自由基，延缓衰老。一些卵白肽还可以调节免疫功能，增强机体的防御能力。总之，卵白肽是禽蛋中一类重要的生物活性成分，具有多种生理功能，对维持人体健康有着积极的作用。

4. 卵黄铁蛋白

卵黄铁蛋白是禽蛋中一种重要的生物活性成分，也是一种天然的铁运载蛋白。它主要存在于蛋黄中，约占蛋黄蛋白质的 12%。卵黄铁蛋白的分子量约为 440 kDa，由两种亚基组成，每个亚基可以结合一个铁原子。这种结构使卵黄铁蛋白可以高效地储存和运输铁，并且具有很高的生物利用度。研究发现，卵黄铁蛋白可以被人体很好地吸收利用，有助于预防和治疗缺铁性贫血。此外，卵黄铁蛋白还具有抗氧化、抗菌、抗病毒等生物活性，可以增强机体免疫力，提高机体抗病能力。一些研究还表明，卵黄铁蛋白可能具有抗肿瘤活性，有助于预防某些癌症的发生。总的来说，卵黄铁蛋白是禽蛋中一种重要的生物活性蛋白质，具有多种生理功能，对维持人体健康具有积极作用。

三、不同禽蛋之间营养成分的对比研究

禽蛋是人类饮食中常见的一种动物性食品,营养价值丰富。然而,不同禽类的禽蛋之间存在着营养成分的差异,这些差异可能会影响人们的饮食选择和健康状况。因此,进行不同禽蛋之间营养成分的对比研究具有重要的理论和实际意义。

选择几种常见的禽蛋,例如鸡蛋、鸭蛋、鹅蛋、鸽蛋、鹌鹑蛋,通过收集书籍和相关研究论文的信息,进行其营养成分的系统性比较,从蛋白质、脂肪、糖、维生素、矿物质等多个方面进行分析,旨在揭示不同禽蛋之间的营养特点和差异。

(一) 不同禽蛋全蛋营养成分

不同禽蛋(鸡蛋、鸭蛋、鹅蛋、鸽蛋、鹌鹑蛋等)的全蛋营养成分主要包括蛋白质、脂肪、水分和灰分等。其中,灰分是鸡蛋中无机物质的总称,包含各种矿物质,如钙、磷、铁、钾、钠等。这些矿物质对人体健康非常重要,通过测定灰分含量,可以评估鸡蛋的营养价值,了解其矿物质的含量和分布。对比不同禽蛋的全蛋营养成分可以帮助人们选择更适合自己需求的食材,保证膳食均衡和营养摄入。

以下是鸡蛋、鸭蛋、鹅蛋、鸽蛋和鹌鹑蛋蛋白质、脂肪、水分和灰分对比数据(每100 g可食部分)。这些数值是基于平均值,具体含量可能会因饲料、养殖环境和品种的不同而有所变化(表9-1)。

表9-1 不同种类禽蛋全蛋营养成分对比   单位:%

项目	鸡蛋	鸭蛋	鹅蛋	鸽蛋	鹌鹑蛋
水分	73~74	70~72	70~72	72~74	69~70
蛋白质	14~16	14~17	11~13	10~13	13~16
脂肪	9~11	13~14	11~13	9~11	9~11
灰分	1.0~1.3	1.2~1.7	1.1~1.3	1.0~1.3	1.0~1.3

（二）不同禽蛋蛋白中氨基酸含量对比

氨基酸是蛋白质的基本组成单位，不同禽蛋中氨基酸含量的差异可以反映出蛋白质的质量。通过比较必需氨基酸的种类和比例，可以评估不同禽蛋对人体蛋白质合成的贡献。同时，也可以通过对比分析不同禽蛋的氨基酸含量，深入了解不同禽类的营养需求，为饲料配方优化提供科学依据。表9-2所示是鸡蛋、鸭蛋、鹅蛋、鸽蛋和鹌鹑蛋的一些常见氨基酸含量的对比数据，这些数值是基于平均值，具体含量可能会因饲料、养殖环境和品种的不同而有所变化。

表9-2 不同种类禽蛋氨基酸含量对比　　　　　　　　　　单位：%

项目	鸡蛋	鸭蛋	鹅蛋	鸽蛋	鹌鹑蛋
赖氨酸	0.91	0.91	0.85	1.22	1.11
亮氨酸	1.08	1.10	1.04	1.30	1.20
异亮氨酸	0.63	0.68	0.61	0.80	0.75
蛋氨酸	0.39	0.40	0.37	0.50	0.45
苯丙氨酸	0.70	0.71	0.67	0.90	0.85
苏氨酸	0.64	0.65	0.62	0.80	0.75
色氨酸	0.18	0.19	0.17	0.25	0.23
缬氨酸	0.76	0.77	0.73	0.90	0.85
组氨酸	0.32	0.33	0.30	0.40	0.37
精氨酸	0.72	0.73	0.68	0.90	0.85
甘氨酸	0.39	0.40	0.37	0.48	0.45
丙氨酸	0.59	0.60	0.57	0.72	0.68
脯氨酸	0.50	0.51	0.48	0.62	0.58
酪氨酸	0.49	0.50	0.46	0.60	0.57
天冬氨酸	1.10	1.12	1.06	1.30	1.25
谷氨酸	1.60	1.65	1.55	2.00	1.90
半胱氨酸	0.18	0.19	0.17	0.25	0.23
丝氨酸	0.66	0.67	0.64	0.80	0.75

这些数值是基于平均值，具体含量可能会因饲料、养殖环境和品种的不同而有所变化。

(三) 不同禽蛋蛋黄脂肪酸含量对比

蛋黄中的脂肪酸含量对人体健康至关重要，因为它们是构成细胞膜的基本成分，同时也是能量的重要来源。脂肪酸，特别是必需脂肪酸如Omega-3和Omega-6，对维持大脑功能、视力保护和调节炎症反应都有积极作用。合理的脂肪酸比例有助于预防心血管疾病，促进健康的胆固醇水平，以及支持整体代谢健康。蛋黄是获取这些有益脂肪酸的优秀来源之一。不同种类的蛋蛋黄中的脂肪酸组成影响了它们的营养价值。各种禽蛋都以单不饱和脂肪酸为主，油酸占比最高，占总脂肪酸的35%~40%。饱和脂肪酸次之，主要为棕榈酸和硬脂酸，分别占总脂肪酸的18%~20%和5%~7%。其他饱和脂肪酸，如肉豆蔻酸、月桂酸等，含量较低。多不饱和脂肪酸含量相对较低，占总脂肪酸的20%~25%，其中亚油酸是主要成分，占比16%~18%，其次是亚麻酸和花生四烯酸等。值得注意的是，即使是同一种禽蛋，其脂肪酸构成也会受到品种、饲养方式、季节等因素的影响，存在一定的差异。

(四) 不同禽蛋当中的矿物质含量对比

不同的禽蛋含有不同种类和数量的矿物质，如钙、磷、铁、锌、硒等，了解它们之间的差异有助于消费者根据个人健康状况和经济条件选择合适的蛋类产品。此外，这种对比还能促进膳食多样化，避免矿物质过量摄入的风险，并为科学研究提供参考数据，进一步指导公共健康和营养政策的制定。总的来说，对蛋类矿物质含量的认识有助于优化饮食结构，保障健康，预防疾病。

表9-3所示是鸡蛋、鸭蛋、鹅蛋、鸽蛋和鹌鹑蛋中一些主要矿物质含量的对比（mg/100 g可食用部分），数据来源于USDA和文献资料，仅供参考。

表9-3 不同种类禽蛋矿物质含量对比　　　　　　　　　　　单位：mg/100 g

项目	鸡蛋	鸭蛋	鹅蛋	鸽蛋	鹌鹑蛋
钙	56	60	89	85	138
铁	2.7	3.6	3.8	4.5	5.7
镁	12	14	15	18	25
磷	172	180	210	200	220

续表

项目	鸡蛋	鸭蛋	鹅蛋	鸽蛋	鹌鹑蛋
钾	134	140	150	160	170
钠	142	150	160	170	180
锌	1.1	1.3	1.5	1.7	2.0
铜	0.07	0.08	0.09	0.1	0.12
锰	0.03	0.4	0.05	0.06	0.08
硒	15.4	18	20	22	25

(五) 不同禽蛋当中的维生素含量对比

鸡蛋、鸭蛋、鹅蛋、鸽蛋、鹌鹑蛋也含有丰富的维生素。不同禽蛋中的维生素含量和种类有一定的差异,但总体来说,它们提供的维生素种类相似,只是在含量上有所不同。表9-4数据来源于USDA和文献资料,单位为(mg/100 g可食用部分),维生素D单位为(IU)。不同品种、饲养方式和产蛋季节都会影响禽蛋的营养成分,故数据仅供参考。

表 9-4　不同种类禽蛋维生素含量对比　　　　　单位:mg/100 g

项目	鸡蛋	鸭蛋	鹅蛋	鸽蛋	鹌鹑蛋
维生素 A	0.11	0.13	0.14	0.16	0.18
微生物 B_1	0.08	0.09	0.10	0.12	0.14
维生素 B_2	0.44	0.48	0.52	0.56	0.60
维生素 B_3	1.2	1.3	1.4	1.6	1.8
维生素 B_6	0.10	0.12	0.14	0.16	0.18
维生素 B_{12}	1.1	1.2	1.3	1.5	1.7
维生素 E	1.0	1.2	1.4	1.6	1.8
维生素 D (IU)	87	95	103	1.11	119

(六) 不同禽蛋胆固醇含量对比

不同禽蛋的胆固醇含量会有所差异,但整体上差异不会特别大。表9-5所示是一个大致的胆固醇含量对比,以每100 g可食部分为基准(注意,这些数据会因来源和具体情况而有所不同)。

表 9-5　不同种类禽蛋胆固醇含量对比　　　　　单位: mg/100 g

项目	鸡蛋	鸭蛋	鹅蛋	鸽蛋	鹌鹑蛋
胆固醇	585	619	560	850	844

鸽蛋和鹌鹑蛋的胆固醇含量最高，约为 850 mg/100 g。胆固醇含量中等，鸭蛋的胆固醇含量略高于鸡蛋，约为 619 mg/100 g。胆固醇含量较低，鹅蛋的胆固醇含量最低，约为 560 mg/100 g。虽然禽蛋中的胆固醇含量相对较高，但人体内的胆固醇水平并不仅受食物中胆固醇的影响。人体的胆固醇水平还受到遗传、生活方式、整体饮食模式等多种因素的影响。此外，禽蛋也是优质蛋白质、维生素和矿物质的重要来源，适量摄入是健康饮食的一部分。

四、影响禽蛋营养品质的因素

禽蛋是一种营养价值极高的食品，含有丰富的蛋白质、脂肪、维生素和矿物质等营养成分，是人们日常饮食中不可或缺的重要食物来源。然而，禽蛋的营养品质并非一成不变，而是受到多种因素的影响。这些因素包括鸡的品种、日粮营养、饲养管理、蛋鸡年龄、环境条件、贮存加工等，都会不同程度地影响蛋的营养成分含量、品质和风味。因此，深入了解影响禽蛋营养品质的各种因素，对于生产高品质禽蛋、满足消费者的需求具有重要意义。以下将从多个角度对影响禽蛋营养品质的主要因素进行探讨和分析。

(一) 禽类品种

禽类品种是决定禽蛋营养品质的关键因素之一。不同品种的家禽因其遗传特性、生长速度和体型大小的差异，生产的蛋在营养成分上表现出多样性。较大品种的家禽往往产出较大和较重的蛋，而较小品种的家禽则产出较小和较轻的蛋。蛋壳的颜色和强度也受到品种的影响，一些品种的蛋壳较厚且颜色较深，可能与矿物质含量有关。蛋黄和蛋白的比例在不同品种间也有所不同，通常与产蛋性能和遗传特性相关。脂肪酸和维生素的含量，以及抗氧化物质的水平，都是由品种特性决定的，这些因素共同影响着蛋的风味、口感和整体营养价值。因此，选择合适的禽类品种，并结合科学的饲养管理和饲料配方，是确保禽蛋营养品质的重要策略。

（二）饲养方式

饲养方式是影响禽蛋营养品质的另一重要因素。家禽的饲养方式包括自由放养、有机饲养、笼养等，这些方式对蛋的营养成分和品质有着显著的影响。自由放养的家禽通常能获得更多的运动，摄入更多种类的食物，这可能导致其产出的蛋含有较高的维生素和Omega-3不饱和脂肪酸。有机饲养的家禽食用不含化学合成物质的饲料，生产的蛋在理论上可能含有较低的农药残留和重金属。而笼养的家禽由于活动空间有限，其蛋的营养成分可能相对单一，但这种饲养方式有利于提高产量和降低成本。总的来说，饲养方式的选择直接关系到禽蛋的营养品质和安全性，同时也反映了生产者和消费者的价值观和偏好。

（三）饲料成分

饲料成分是决定禽蛋营养品质的核心因素之一。家禽的饲料中包含的蛋白质、维生素、矿物质和脂肪酸等营养素的种类和水平直接影响着蛋的营养组成。高品质的饲料通常含有充足的必需氨基酸、维生素和矿物质，能够促进家禽健康生长，并提高蛋的营养价值。例如，饲料中添加的鱼油或亚麻籽可以增加蛋中Omega-3不饱和脂肪酸的含量，而维生素和矿物质的补充则能确保蛋中这些营养素的充足。此外，饲料中不应含有有害物质，如重金属、农药残留和抗生素等，这些物质的存在会降低蛋的品质，甚至对消费者健康构成威胁。因此，合理配制饲料成分，确保营养均衡且无污染，是提升禽蛋营养品质的关键。

（四）禽类健康状况

禽类健康状况是影响禽蛋营养品质的基础性因素。健康的家禽能够更有效地吸收饲料中的营养成分，将其转化为蛋中的营养素，从而提高蛋的营养品质。相反，患有疾病或感染的家禽可能会因为消化吸收功能受损而导致营养摄入不足，影响蛋的营养组成。此外，健康问题还可能导致蛋中出现病原体或毒素，降低蛋的安全性和品质。因此，保持禽类良好的健康状况，包括预防疾病、提供适宜的饲养环境和及时的兽医治疗，对于确保禽蛋营养品质至关重要。

（五）母禽日龄阶段

母禽日龄是影响禽蛋营养品质的另一个重要因素。随着母禽日龄的增长，其生理机能和营养需求也在不断变化，这会影响禽蛋中各种营养成分的含量和比例。一般来说，青年母禽所产蛋的蛋重较小，但蛋壳质量较好，蛋清比例较高；随着日龄增长，蛋重逐渐增大，但蛋壳质量下降，蛋黄比例上升。此外，不同日龄蛋鸡所产蛋的脂肪酸组成、氨基酸组成、矿物质含量等也有差异。例如，老年母禽所产蛋的胆固醇含量可能较高，而某些必需氨基酸含量可能较低。因此，在生产中需要根据母禽的日龄特点，调整饲养管理措施，优化营养供给，以保证禽蛋的营养品质。同时，也需要合理安排母禽的淘汰更新，以保持合适的蛋鸡日龄结构，生产出品质稳定的禽蛋产品。总的来说，母禽年龄是影响禽蛋营养品质的客观因素，需要予以科学把控和利用。

第十章 禽蛋营养品质检测技术

一、香气成分检测

禽蛋是人类日常饮食中重要的营养来源之一,其独特的香气成分是禽蛋品质的重要体现。准确检测和分析禽蛋中的香气成分,有助于提高禽蛋的品质管控,为消费者提供更加优质的产品,禽蛋中香气成分主要来自脂肪酸、醇类、酮类、醛类、酯类、硫化物等化合物。禽蛋香气成分检测通常采用气相色谱-质谱联用技术(GC-MS)进行检测,具体步骤如图10-1所示。

(一)样品的采集与准备

禽蛋样品应尽量保持新鲜和完整,避免受到外部因素的影响。将需要检测的禽蛋样品带回实验室后打开蛋壳,分别收集蛋清和蛋黄放入干净的容器中。为了获得更加准确的检测结果,可以选取多个批次的禽蛋样品进行分析。

(二)香气成分的提取

常用的提取方法有固相微萃取法(SPME)和溶剂萃取法。固相微萃取法利用纤维吸附的原理,将禽蛋样品中的挥发性物质富集到纤维上,再通过热解吸的方式进行分析;溶剂萃取法是将禽蛋样品与适当的有机溶剂混合,充分振荡或静置后分离出含有香气成分的溶剂层。在提取过程中确保样品不受到污染,并尽量减少香气成分的损失。

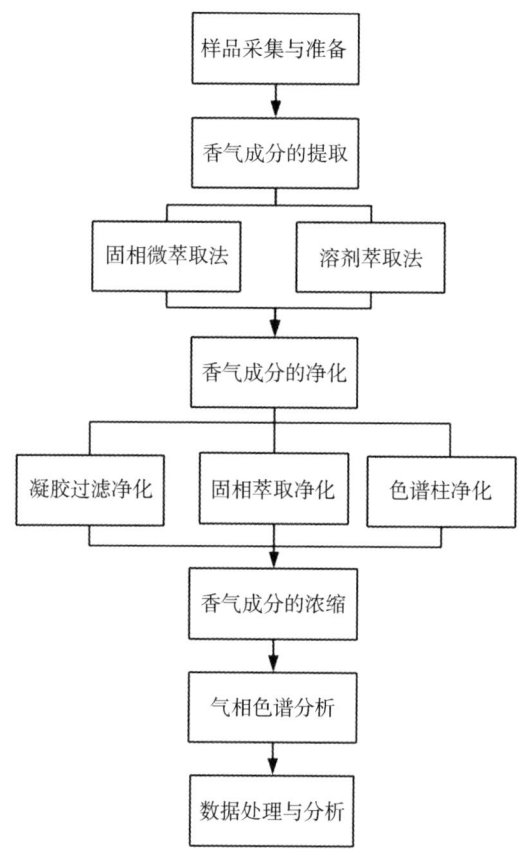

图 10-1 香气成分检测步骤

(三) 香气成分的净化与浓缩

对提取得到的香气成分进行净化，以去除可能存在的干扰物质，提高分析的准确性。净化方法包括凝胶过滤、固相萃取或色谱柱净化等，随后将净化后的溶液进行浓缩，以提高目标化合物的浓度，使其更容易被检测到。

1. 凝胶过滤

将样品通过凝胶过滤柱，利用凝胶的孔隙大小和表面特性来分离目标化合物和干扰物质。优点是操作简单，无须复杂仪器设备，能有效去除大分子杂质，如蛋白质、多糖等，并且可以分离不同分子量的成分。缺点是无法去除小分子杂质，如酚类、酮类等，需要大量溶剂，溶剂回收成本高，且分离效果受样品浓度和凝胶性质影响较大。

2. 固相萃取

利用固相材料的吸附特性将目标化合物从样品中吸附出来，然后用洗脱剂将其洗脱出来。优点是可以有效去除各种极性杂质，如酚类、酮类等，操作简单，可以实现在线自动化，溶剂用量少，可以富集目标成分，提高检测灵敏度。缺点是不同样品需要选择合适的固相吸附剂，吸附和洗脱条件需要仔细控制，否则会造成目标成分损失，且固相吸附剂需要定时更换。

3. 色谱柱净化

通过色谱柱将样品进行分离，利用色谱柱填料的亲和性和分离效果将目标化合物与干扰物质分离开来。优点是可以高效分离各种极性、分子量不同的成分，分离效果好，可以得到高纯度的目标成分。缺点是需要专业仪器设备，操作相对复杂，耗时较长，样品预处理步骤多，溶剂用量大，溶剂回收成本高。

（四）气相色谱分析

将提取和净化浓缩后的样品注入气相色谱-质谱联用仪（GC-MS）进行分析。气相色谱能够将复杂的香气成分样品分离成单一组分。在气相色谱仪器中，样品中的化合物将根据其在柱子上的亲和性和挥发性逐渐分离开。气相色谱柱出来的化合物随后会进入质谱仪器进行检测，质谱仪器通过对分子进行碎裂并测量碎片的质量来确定化合物的结构从而得到香气化合物的种类和相对含量。

（五）数据处理与分析

完成色谱分析后，需要对获得的数据进行处理和分析。一方面，要对色谱图上各个峰进行定性和定量分析，确定每种香气成分的化合物名称、保留时间和相对含量。另一方面，可以将检测结果与已有的标准数据或参考文献进行比较，评估禽蛋样品的香气特征。

二、营养成分检测

禽蛋富含多种营养成分,如水分、蛋白质、脂肪、维生素和矿物质等,对禽蛋进行营养成分检测能够了解其营养价值。禽蛋营养成分检测的具体步骤如下。

(一)样品采集与标识

从不同来源或品种的禽蛋中随机抽取样品,确保样品具有代表性,并保证样品的新鲜性和完整性。对每个样品进行标识,包括采样日期、来源、品种等信息,以便后续数据分析和结果解释。

(二)水分含量测定

禽蛋水分含量测定常采用烘干法和红外测定法,参考 GB 5009.3—2016《食品安全国家标准 食品中水分的测定》测定。测定前将禽蛋样品清洗干净并擦干表面水分以确保样品的干燥,随后将禽蛋样品打碎后进行混合。

1. 烘干法

称取约 5 g 样品置于 105~110 ℃烘箱中进行烘干,样品需要在烘箱中烘干至稳定质量,直到连续两次称量结果相近为止。取出样品后冷却至室温,并使用精密天平再次称量样品的质量。根据样品的初始质量和最终干燥后的质量,计算出水分的含量:水分含量(%)=(初始质量−烘干质量)/初始质量×100 %。

2. 红外测定法

将适量禽蛋样品均匀地放置在红外测定仪器(图 10-2)的样品托盘上,并确保样品表面平坦。启动红外测定仪器进行水分测定,红外光会穿过样品被样品中的水分吸收,通过测定被吸收的光的强度来确定水分含量。测定结束后,记录水分测定仪器显示的水分含量结果。

图 10-2 红外水分测定仪

(三) 蛋白质含量测定

禽蛋蛋白质含量的测定通常采用凯氏定氮法。首先使用精密天平称取适量的禽蛋样品，并记录样品的质量。样品的量应该根据其蛋白质含量和实验目的来确定，通常在 0.5~1 g。将称好的样品放入凯氏分解管中，并加入适量的浓硫酸（15~25 mL）和少量催化剂（如硫酸钾、硫酸铜等）；将分解管置于凯氏消化炉上，逐步升温至样品完全溶解并呈现清亮，随后继续加热消化 1~2 h，直至溶液完全澄清；将消化后的样品冷却至室温，然后加入适量的蒸馏水稀释。摇匀混合样品，确保样品均匀稀释；将消化液转移至凯氏蒸馏装置中。加入适量的氢氧化钠溶液（40%~50%）进行蒸馏，收集溶于硼酸溶液中的氨气；使用标准盐酸溶液（0.1 mol/L）将收集的氨气溶液滴定至颜色变化终点，记录滴定所用盐酸的体积；根据消耗的滴定液的体积、氨氮的含量，以及样品的质量，计算出样品中的氮含量。根据氮元素的量与蛋白质含量的比例（通常为 6.25），计算出样品中的蛋白质含量。蛋白质含量（%）=（样品中氮元素的量×6.25）/样品的质量×100%。

(四) 脂肪含量测定

禽蛋中脂肪含量的测定，参考 GB 5009.6—2016《食品安全国家标准 食品中脂肪的测定》测定，通常采用溶剂提取法结合重量法。首先将禽蛋中的蛋黄和蛋白进行均匀混合，称取适量的样品并记录其质量；将称好的样品放入提取瓶中，在提取瓶中加入适量的石油醚或氯仿溶剂，随后将提取器装入加热装置中，温度控制在 60~80 ℃；将提取后的脂肪残渣置于恒重称量瓶后 105 ℃ 左右烘干至恒重，随后取出称量瓶在干燥器中冷却至室温后，称量脂肪的质量。根据样品的质量和提取得到的脂肪质量，计算脂肪含量。

计算公式：脂肪含量（％）＝（提取脂肪质量/样品质量）×100％。

整个过程需要注意以下几点。

A：样品预处理要充分，以增加脂肪的提取效率。

B：提取溶剂的选择要适当，不同样品可能需要不同的溶剂。

C：提取时间要控制恰当，过短可能导致脂肪回收不完全，过长会浪费时间。

D：干燥和称量过程要小心谨慎，以确保结果的准确性。

（五）维生素含量测定

禽蛋中含有多种维生素，如维生素 A、维生素 D、维生素 E 和 B 族维生素等。测定禽蛋中维生素含量通常采用分光光度法和高效液相色谱法（HPLC）。

1. 分光光度法

将禽蛋蛋黄和蛋白混匀后称量 5~10 g 的样品并加入适量的提取溶剂（如乙醇、丙酮等）作为提取液，随后将提取液过滤以去除杂质，准确吸取过滤后的提取液，转移至分光光度计样品池中。根据所测维生素的特性，选择合适的波长进行吸光度测定，常用波长如下：维生素 A：328 nm；维生素 D：265 nm；维生素 E：292 nm；维生素 B_1：246 nm；维生素 B_2：268 nm；维生素 B_6：254 nm；维生素 C：245 nm。同时测定空白溶液的吸光度，作为参考。根据标准曲线计算样品中维生素的含量。

2. 高效液相色谱法（HPLC）

取适量的禽蛋样品，将其打碎并加入适量的提取溶剂，如酸性甲醇或酶解液；将样品溶解，使维生素成分充分溶解；随后将样品溶液通过 0.45 μm 的微孔滤膜过滤，以去除残留的杂质；设置适当的色谱柱和色谱条件，包括移动相和梯度程序等，选择适当的检测波长，通常为维生素各成分的特征吸收波长；使用自动进样器将过滤后的样品溶液注入色谱柱中；启动色谱仪，开始色谱分析，通过梯度洗脱或等温洗脱，分离出样品中各种维生素的成分，记录各维生素成分的峰面积或峰高度（图 10-3）；使用已知浓度的维生素标准溶液，绘制出标准曲线；根据标准曲线计算出样品中各维生素成分的含量。

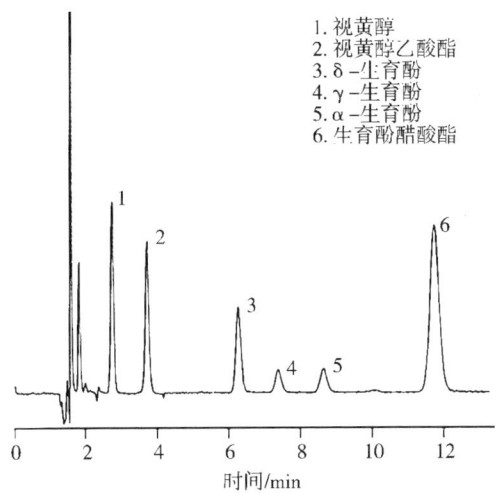

图 10-3　HPLC 测定维生素 A 和维生素 E 色谱图

（六）矿物质含量测定

禽蛋中矿物质含量的测定可以采用原子吸收分光光度法（AAS）或电感耦合等离子体发射光谱法（ICP-OES）等方法。

样品预处理：称取适量的禽蛋样品后将蛋白和蛋黄混匀，准确称取一定量的混匀样品（通常为 2~5 g）置于干燥的瓷坩埚中；将样品置于马弗炉中，以 550~600 ℃缓慢灰化至完全灰化；取出坩埚后冷却至室温，加入少量去离子水或稀盐酸并充分溶解灰化残渣；将溶液转移至容量瓶中，用去离子水定容至一定体积（通常为 25~50 mL）。

1. 原子吸收分光光度法（AAS）

将预处理后的样品溶液转移至原子吸收分光光度计（图 10-4）的雾化器中，根据所测元素的特性，选择合适的光源灯（如空心阴极灯）和波长进行测定。常用波长如下：钙（Ca）：422.7 nm；镁（Mg）：285.2 nm；铁（Fe）：248.3 nm；锌（Zn）：213.9 nm；铜（Cu）：324.8 nm。调节仪器的气体流量、火焰温度等参数，使其处于最佳工作状态；首先测定一系列标准溶液，绘制标准曲线，将样品溶液逐一测定，记录其吸光度值。根据标准曲线计算出样品中各种矿物质的含量。

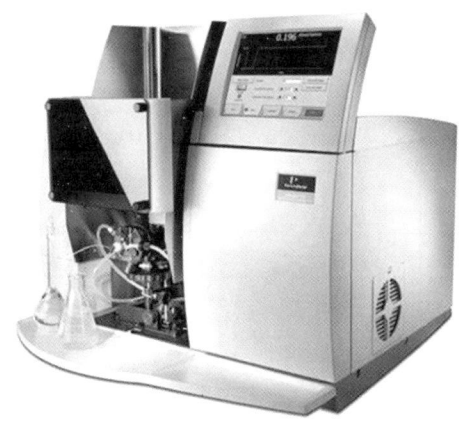

图 10-4　原子吸收分光光度计

2. 电感耦合等离子体发射光谱法（ICP-OES）

将预处理后的样品溶液转移至 ICP-OES 仪器（图 10-5）的雾化室中，调节仪器的工作参数，如功率、气体流量、雾化器压力等；首先测定一系列标准溶液，建立各元素的标准曲线。将样品溶液逐一测定，记录其发射光强度。根据标准曲线，计算出样品中各种矿物质的含量。

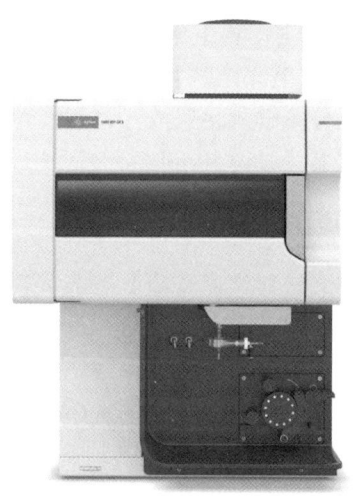

图 10-5　ICP-OES 仪器

（七）灰分含量测定

测定禽蛋中灰分含量是评价禽蛋营养价值和品质的重要指标之一。灰分含量是指食品在高温下被完全燃烧后，残留下来的无机物质的质量百分比。采用 GB 5009.4—2010《食品安全国家标准　食品中灰分的测定》测定，具体测定方法如下。

取适量禽蛋去壳后充分混匀，称取约 5 g 样品置于已知重量的瓷坩埚或石英坩埚中；将装有样品的坩埚置于马弗炉中，逐步升温至 550~600 ℃ 灰化，直至样品完全变成白色或灰白色；随后取出坩埚，用钳子夹住放入干燥器中冷却至室温，然后称量坩埚与灰分的总重量；根据公式计算样品的灰分含量：灰分含量（%）= [（坩埚+灰分重量−空坩埚重量）/样品重量] × 100；为提高结果的准确性，通常需要进行 2~3 次平行测定，取平均值作为最终结果。

（八）碳水化合物测定

测定禽蛋中碳水化合物含量通常采用化学分析法中的总糖分析法，总糖分析法是通过将样品中的碳水化合物在酸性条件下水解为葡萄糖，再利用葡萄糖与菲林试剂在酸性条件下发生酚醛反应生成蓝色化合物，测定其光密度，从而计算出样品中的总糖含量。具体步骤如下。

取适量的禽蛋样品将蛋黄和蛋白进行混匀后加入适量的提取液（如硫酸、硝酸等）进行水解处理；将样品溶液加热至水解温度，通常为 100 ℃ 左右，持续一定时间后使样品中的碳水化合物水解为葡萄糖；水解后的样品溶液冷却至室温后使用去离子水稀释至适当的体积，使样品浓度置于光密度的测定范围；取适量的样品溶液，加入适量的菲林试剂，并在沸水中加热，使其在酸性条件下与葡萄糖发生酚醛反应，生成蓝色化合物；使用分光光度计测定蓝色化合物的光密度值；准备一系列不同浓度的葡萄糖标准溶液，并进行同样的操作测定其光密度值，绘制标准曲线；根据标准曲线，将样品溶液的光密度值代入曲线方程，计算出样品中总糖的含量。

三、功能活性成分测定

禽蛋中的功能活性成分包括抗氧化物质、抗菌物质、生长因子等，常见的测定方法有抗氧化活性测定、抗菌活性测定等（表10-1）。

表10-1 鸡蛋中功能活性成分

功能活性成分	含量/%	功能
蛋白		
卵清蛋白	54	抗氧化，易于消化吸收，促进肌肉生长
溶菌酶	3.4	抑制氧化应激和细菌感染
卵黏蛋白	3.5	保护蛋白质免受过早分解，调节免疫功能
卵转铁蛋白	12	与铁离子结合抑制细菌生长
核黄素结合蛋白	0.8	参与能量代谢，抗氧化，维持黏膜健康
蛋黄		
卵磷脂	8	维持细胞结构和功能，抗氧化，保护肝脏健康
类胡萝卜素	<1	抗氧化，维护视力健康，调节免疫系统，促进生长发育
芳香族氨基酸	<1	参与蛋白质和神经递质合成，抗氧化，调剂神经系统
维生素E	<1	抗氧化，维持细胞健康，调节免疫系统，抗炎作用

（一）抗氧化活性测定

常用的抗氧化活性测定方法包括 DPPH 自由基清除法和还原性抗氧化能力法（FRAP）。

（二）DPPH 自由基清除法

在试管或微量离心管中分别加入适量的 DPPH 溶液和禽蛋样品溶液，震荡使两种溶液充分接触和混合；将制备好的反应混合物置于阴凉暗处孵育 30~60 min，使反应达到平衡；将孵育后的反应混合物取出，使用分光光度计测量其吸光度；在 DPPH 自由基清除过程中，其吸光度会下降，与反应混合物中的 DPPH 浓度成反比；使用已知浓度的 DPPH 溶液制备标准曲线，测量各个浓度的 DPPH 溶液的吸光度，并绘制吸光度与浓度的标准曲线；将实验测得的吸光度值代入标准曲线，计算出样品溶液中 DPPH 自由基的清除率或百分比抑制率；抗氧化活性通常以清除率或抑制率表示，计算公式为：清除率（%）= $(A_0 - A)/A_0 \times 100\%$，其中 A_0 为 DPPH 自由基溶液的初始吸光度，A 为孵育后混合物的吸光度。根据计算得到的清除率或抑制率，评价样品的抗氧化活性。清除率或抑制率越高，表示样品具有更强的抗氧化能力。

注意事项：实验操作需在阴凉暗处进行，以避免光的干扰；DPPH溶液的浓度和反应时间需根据实验目的和样品特性进行优化；所用试剂和仪器设备需符合相应标准，操作过程需严格按照实验规程进行；实验结果需进行统计分析，确保结果的可靠性和准确性。

（三）还原性抗氧化能力法（FRAP）

在试管或微量离心管中分别加入适量的Folin-Ciocalteu试剂和禽蛋样品溶液，震荡使两种溶液充分接触和混合；在混合物中加入一定量的亚硫酸氢钠（$NaHSO_3$）溶液，使样品中的还原性物质与Folin-Ciocalteu试剂反应生成蓝色产物；将混合物置于适当的条件下（通常为室温），静置一段时间使反应充分进行；使用分光光度计测量反应混合物的吸光度，通常在特定波长下（如750 nm）进行测量；使用已知浓度的还原剂（如抗坏血酸）制备标准曲线，测量各个浓度下的吸光度，绘制吸光度与浓度的标准曲线；将实验测得的样品吸光度值代入标准曲线，计算出样品中还原性物质的浓度；进一步计算出样品的还原能力，通常以还原剂的浓度或还原能力指数表示；根据计算得到的还原能力指标，评价样品的抗氧化活性；还原能力越高，表示样品具有更强的抗氧化能力。

（四）抗菌活性测定

常用的抗菌活性测定方法有平板扩散法或微量稀释法。所有的抗菌活性测定的相关操作应在洁净无菌条件下进行，以避免外源性污染对结果的影响；稀释过程中需注意保持样品的稳定性和一致性；实验过程中需控制培养条件，以确保细菌的正常生长；结果的解释需结合实验条件和试验菌株特性进行综合评价，确保结果的可靠性和科学性。

1. 平板扩散法

在无菌条件下，将适量的琼脂培养基熔化至液态状态；将液态琼脂培养基均匀倒入无菌培养皿中，使其凝固成平板；取所选试验菌株在对应培养基上培养至适当浓度；用生理盐水或其他适当的缓冲液调整细菌悬浮液的浓度至合适水平，通常为0.5 McFarland浓度；在琼脂平板表面均匀涂布已经调整好浓度的试验菌液；用无菌针头在琼脂培养基上钻孔，然后在孔中加入一定体积的待测样品溶液；将已制备好的琼脂平板放入预先调好温度的恒温培养箱中培养 24 h；培养结束后，观察琼脂平板上孔周围是否形成抑菌圈，并且使用尺子或专用的抑菌圈直径测量器测量每个孔周围的抑菌圈直径；根据抑菌圈直径大小，评价样品的抗菌活性，抑菌圈直径越大，说明样品具有更强的抗菌活性。

2. 微量稀释法

准备一系列的稀释管或试管，标记不同的稀释倍数，如 1∶2、1∶4、1∶8 等；在每个稀释管中加入一定体积的琼脂培养基，保持稀释液的一致性；取适量的禽蛋样品进行适当稀释，将样品依次加入不同倍数的稀释管中；将每个稀释管中的样品与试验菌株进行接种，混合均匀，确保每个稀释管中的细菌数量相同；将每个稀释管培养在 37 ℃培养 24 h；在培养结束后，观察每个稀释管中的菌落生长情况，记录是否有生长；最小抑菌浓度（MIC）是指在未见到细菌生长的最低禽蛋稀释倍数，通常以最低稀释倍数作为抑菌活性的指标；根据 MIC 确定禽蛋的抑菌活性，MIC 值越低，表明禽蛋抑菌活性越强。

第十一章 禽蛋营养品质评价技术

禽蛋含有丰富的营养物质，但鲜蛋容易受到湿度、温度、运输和保存等条件的影响而变化，从而降低禽蛋和蛋制品的质量，因此对禽蛋营养品质的评价十分重要。品质评价涉及多个方面的技术，包括营养成分评价、感官评价、光照鉴别评价、理化鉴定法和蛋白质组分分析等。

一、营养成分评价

禽蛋中含有丰富的蛋白质、脂肪、维生素和矿物质等营养成分，是人体所需的重要营养来源之一。

（一）水分

水分是禽蛋中的主要成分之一，也是评价禽蛋新鲜程度和质量的重要指标之一。水分含量的数据分析可以通过测定禽蛋的水分含量，并与标准值进行比较来进行评价。

通过测定禽蛋样品的水分含量，可以得到具体的数值，水分含量应符合相关标准要求，一般为 60%~75%。水分含量偏高可能会增加腐败和变质的风险，降低禽蛋的品质和食用安全性；水分含量偏低可能会使禽蛋变得干燥、口感变差，影响食用体验。

（二）灰分

灰分是禽蛋中的无机物质的总称，包括矿物质、无机盐等，是评价禽蛋营养价值和食用安全性的重要指标之一。灰分含量的数据分析可以反映禽蛋中的无机物质含量及其品质。灰分是禽蛋中的无机物质的总称，包括矿物质、无机盐等，是评价禽蛋营养价值和食用安全性的重要指标之一。

灰分含量的数据分析可以反映禽蛋中的无机物质含量及其品质。鸡蛋（整个）的灰分含量一般为0.7%~1.1%，鸭蛋（整个）的灰分含量一般为0.8%~1.2%，鹌鹑蛋（整个）的灰分含量一般为1%~1.5%，鹅蛋（整个）的灰分含量一般为1%~1.4%。灰分含量过高可能会影响禽蛋的口感和食用安全性，降低其营养价值和品质；灰分含量过低可能意味着禽蛋中营养成分的流失或者质量问题。

（三）蛋白质

禽蛋中含有丰富的优质蛋白质，蛋白质主要存在于蛋白中，其中包含了人体所需的全面氨基酸。蛋白质的氨基酸组成比例接近人体需求，具有较高的生物学价值，是人体吸收利用最好的蛋白质来源之一。此外，蛋白质还具有良好的乳化性、凝固性等功能特性，在烹饪和食品加工中被广泛应用。

禽蛋的蛋白质含量应符合相关标准要求，一般在10%~15%。蛋白质含量偏高可能意味着禽蛋的品质较好，但过高的蛋白质含量也可能影响其口感和消化吸收。

在常见的禽蛋中，鸡蛋和鸭蛋的蛋白质含量最高，其次是鹌鹑蛋、鹅蛋和鸽蛋。

（四）脂肪

禽蛋中脂肪含量为10%~12%，主要包括饱和脂肪酸、单不饱和脂肪酸和多不饱和脂肪酸。其中，蛋黄中脂肪含量较高，占蛋黄重量的30%~35%。禽蛋脂肪中的主要脂肪酸包括棕榈酸、硬脂酸、油酸和亚油酸等。这些脂肪酸不仅是人体重要的能量来源，还参与细胞膜的合成，调节机体的生理功能。

适量的脂肪含量可以提升禽蛋的口感和风味，但过高的脂肪含量可能会增加热量摄入并影响健康。在常见的禽蛋中，鹌鹑蛋和鹅蛋的脂肪含量最高，其次是鸡蛋、鸭蛋和鸽蛋。

（五）维生素

禽蛋中含有丰富的维生素，主要包括维生素A、B族维生素、维生素D和维生素E等。其中，维生素A主要存在于蛋黄中，具有维护视力、促进细胞分化等作用。B族维生素包括维生素B_1、维生素B_2、维生素B_6和维生

素 B_{12} 等，参与机体能量代谢、神经功能调节等过程。维生素 D 主要存在于蛋黄中，可促进钙和磷的吸收，维持骨骼健康。维生素 E 是一种重要的抗氧化维生素，可保护细胞免受氧化损害。

鹅蛋可能在维生素 A 含量上略高于鸡蛋，鸭蛋、鹌鹑蛋和鸽蛋的维生素 A 含量相对较低，另外鸡蛋的维生素 B 含量最高，鸡蛋和鹅蛋的维生素 D 和维生素 E 含量最高，其次是鸭蛋、鹌鹑蛋和鸽蛋。

（六）矿物质

禽蛋中含有丰富的矿物质，主要包括钙、磷、铁、锌、铜等。其中，钙是人体中含量最高的元素之一，能够参与机体新陈代谢和调节内环境，也能够作为凝血复合因子促进凝血。磷是组成遗传物质核酸的主要成分之一，参与体内酸碱平衡的调节及能量的代谢。钙和磷是构成骨骼和牙齿的主要矿物质，维持机体钙磷平衡。

禽蛋中的矿物质一般集中在蛋黄中，蛋黄中的钙含量由高到低是鸭蛋、鸽蛋、鹌鹑蛋、鸡蛋、鹅蛋；而磷含量最高的是鹅蛋，鸡蛋、鸭蛋中磷含量与鹅蛋相当，其次是鸽蛋，最低是鹌鹑蛋。综合比较蛋黄中钙、磷含量，鸭蛋和鸽蛋中钙磷含量更为丰富。

二、感官评价

感官评价是评判禽蛋品质的重要方式之一，通过对禽蛋的外观、气味、口感等感官特性进行客观评估，可以全面了解不同禽蛋品种的营养价值和品质特点，主要是凭检验人员的技术和经验来判断，通过眼看、耳听、品尝、手触和鼻嗅等方法，从外观来鉴别蛋的质量。禽蛋的感官评价主要包括视觉鉴定、听觉鉴定、触觉鉴定、嗅觉鉴定和味觉鉴定。

（一）视觉鉴定

用肉眼观察蛋壳的色泽、坚实度、清洁度及外蛋壳膜是否存在，蛋的形状、大小等。新鲜的禽蛋通常具有光滑、均匀的外表，蛋壳颜色鲜艳，无明显污渍或损伤，表面附有一层霜状胶质薄膜。如果胶质膜脱落、呈乌灰色或有霉点则为陈蛋。透过光线观察蛋壳的透明度，新鲜的蛋壳应该透明清晰，没有异物或混浊。观察蛋黄和蛋白的颜色和形状，新鲜的禽蛋蛋黄饱满、圆润，蛋白透明、凝固度良好（图11-1和图11-2）。

图11-1　新鲜蛋的蛋壳状态

图11-2　陈蛋的蛋壳状态

（二）听觉鉴定

通常有两种方法：一是敲击法，根据敲击蛋壳后发出的声音区别有无裂纹、是否变质和蛋壳的厚薄程度。新鲜蛋发出的声音坚实，似碰击砖头的声音；裂纹蛋发音沙哑，有啪啦声；空头蛋的大头端有空洞声；钢壳蛋发音尖脆，有叮叮响声；贴皮蛋、臭蛋发声像敲瓦片发出的声音；用指甲竖立在蛋壳上敲击，有吱吱声的是雨淋蛋。二是振摇法，就是将鲜鸡蛋拿在手中振摇，没有声响的为好蛋，有声响的是散黄蛋。

（三）触觉鉴定

触觉鉴定是根据蛋壳上有无胶质薄膜附着和蛋内水分有无蒸发来区分禽蛋品质的方法。将蛋垫在手中，蛋体较沉，有压手感，蛋壳有轻微粗糙感的是鲜蛋。蛋体较轻，蛋壳光滑或发涩的是陈蛋、空头蛋、黏壳蛋或霉蛋。

（四）嗅觉鉴定

用鼻子嗅有无异味。新鲜鸡蛋没有气味，新鲜鸭蛋有轻微的鸭腥味。有些蛋虽然蛋白、蛋黄正常，但有特异气味，是异味污染蛋；有霉味的是霉蛋，有臭味的是坏蛋，这些蛋在加工和贮存中需剔除。

（五）味觉鉴定

品尝禽蛋的蛋黄和蛋白，新鲜的蛋黄应该具有丰富的鲜味，口感细腻，蛋白应该没有异味，口感爽滑。

综合考虑以上视觉、嗅觉、触觉、味觉等感官鉴别结果，对禽蛋的新鲜程度、品质和食用价值进行综合评价。新鲜的禽蛋通常具有良好的外观、清淡的蛋香味、微涩的手感、丰富的口感等特征，口感更佳，营养价值更高。

（六）电子鼻

电子鼻的具体结构如图 11-3 所示，电子鼻是一种模仿人类嗅觉系统的传感器装置，气敏传感器阵列对气味反应产生信号，信号先经过预处理，然后进行模式识别判别，最后定性或定量输出对气体所含成分的检测结果。气体传感器阵列在功能上相当于人的嗅觉感受细胞，产生嗅感信号数据处理分析器、智能解释器和知识库在功能上相当于人的大脑，具有分析、判断、智能解释的功能。

图 11-3 电子鼻结构框图

新鲜鸡蛋和腐败鸡蛋会释放不同的挥发性有机化合物，电子鼻可以通过检测这些化合物的类型和浓度，准确判断鸡蛋的新鲜度。电子鼻还可以检测禽蛋的独特风味化合物，帮助区分不同品种或生产方式的禽蛋，另外传统的感官评价可能会受到主观因素影响，而电子鼻提供了一种客观、一致的风味分析方法。

（七）电子舌

电子舌的具体结构如图 11-4 所示，电子舌技术是 20 世纪 80 年代中期发展起来的一种分析、识别液体成分的电子传感器，它主要由传感器阵列和信息处理系统组成。传感器阵列对液体试样作出响应并输出信号，信号经计算机系统进行数据处理后，得到反映样品味觉特征的结果。这种技术也被称为味觉传感器技术或人工味觉识别技术。这与普通的化学分析方法不同，传感器不会输出样品的成分结果，而是输出不同的信号以区别不同的成分，输出的信号则要依靠计算机处理。

电子舌可以检测蛋液中的各种味觉成分，如氨基酸、糖类和盐类，从而评估蛋液的风味和质量，电子舌也可以检测一些溶解在蛋液中的挥发性成分，通过这些成分的变化评估蛋液的新鲜度。电子舌还能够在较短时间内完

图 11-4 电子舌结构框图

成味觉成分的检测,适合大规模样品检测,并且能够检测微量味觉成分,另外除了基本味觉成分,电子舌还可以检测样品的物理和化学性质,如 pH 值和导电性等。

(八) 质构仪

质构仪(Texture Analyzer)是一种用于测量食品、药品及其他材料物理特性的仪器。通过控制探头对样品施加特定的力,并测量样品在力作用下的响应(如变形、断裂等),从而评估样品的物理特性。常见的测试模式包括压缩、拉伸、穿刺和剪切测试。测试结果通常以力-位移曲线的形式表示,从中可以提取出各种物理参数,如最大力值、破裂力、弹性模量、黏度等。质构仪的主要组成部分包括加载系统、样品台、驱动系统和质构仪的主要组成部分。

质构仪能够进行蛋壳硬度、蛋白和蛋黄的凝胶强度、蛋液的黏度的测试,并能够提供精确和可重复的测量结果,确保品质评估的可靠性,进行多种类型的测试,满足不同品质参数的测定需求,另外还能够快速获得测试结果,提高检测效率(图 11-5)。

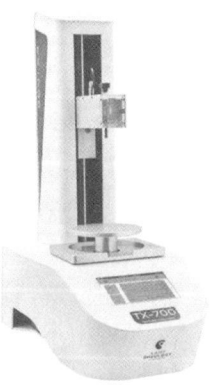

图 11-5 质构仪

三、光照鉴别法

光照透视法是根据禽蛋蛋壳具有透光性，由于蛋内容物发生变化形成不同的质量状况，在灯光透视下可观察蛋壳、气室高度、蛋白、蛋黄、系带和胚胎的状况，鉴别蛋的品质，作出综合评定。我国蛋品加工普遍采用这种方法，用以补充感官检验的不足。光照透视法通常采用日光鉴别法和灯光鉴别法，有条件的可采用机械、电子自动照蛋法（图11-6）。

图 11-6　光照鉴别法

（一）日光鉴别法

日光鉴别法通过观察禽蛋在日光下的外观特征、透光性和颜色变化等来评价其新鲜程度、内部结构和品质。日光鉴别法分为暗室照蛋和纸筒照蛋两种，大多采用暗室照蛋。在暗室里，对着室外光线充足的南面墙上或门上开一小孔，将蛋放在小孔上进行透视，也可将厚纸卷成 15 cm 左右长的喇叭圆筒，筒的直径一端相当于禽蛋的大小，另一端只有眼睛大的孔，将禽蛋放在圆筒的大头端，用眼睛贴近小口端，对着日光透视，检查蛋内容物的好坏。

（二）灯光鉴定法

灯光照蛋是用铁皮做成长 25~30 cm 的圆筒，内装电灯泡，在一端开 1

个或数个直径为 3.5 cm 的圆洞，照蛋时，将蛋紧贴洞口观看，如见蛋壳坚固、完整、无裂纹、无污斑和破损，气室小、蛋体透明呈淡橘红色者为鲜蛋；陈旧蛋蛋壳色较暗，透光性较鲜蛋差，气室稍大，蛋白和蛋黄黏度降低，两者界限分明，可见蛋黄暗影并见其随蛋的旋转而转动，散黄蛋的蛋黄形状不正常，气室大小不定；腐败蛋为全蛋不透光，蛋内呈水漾弥漫状，蛋壳上有黑色斑点，内容物发臭。

四、理化鉴定法

理化鉴定法主要分为相对密度鉴定法和荧光鉴定法，是通过不同的原理和技术手段来评价禽蛋的新鲜程度、内部结构和品质特征。

（一）相对密度鉴定法

相对密度鉴定法是通过测定禽蛋的相对密度，即其质量与相同体积水的质量之比，来评价禽蛋的内部结构和新鲜程度。将禽蛋轻轻放入水中，使禽蛋完全浸没，但不要碰到容器底部或相互接触，观察禽蛋是否漂浮或沉底，并记录实验结果，根据观察结果判断禽蛋的相对密度。若禽蛋漂浮在水面上，说明其相对密度较低，可能存在气室较大、蛋内液体腐败等情况；若禽蛋沉底至容器底部，说明其相对密度较高，可能为新鲜的禽蛋。

（二）荧光鉴定法

荧光鉴定法是通过观察禽蛋在紫外光照射下的荧光特性，来评价禽蛋的新鲜程度和品质特征。将禽蛋放置在黑暗环境下的容器中，并在紫外光下照射，观察禽蛋是否出现荧光现象，并记录实验结果。若禽蛋在紫外光下出现强烈的荧光现象，可能表明其存在细菌污染或腐败现象，若禽蛋在紫外光下未出现或出现轻微的荧光，可能为新鲜的禽蛋。

五、禽蛋性能品质评价

禽蛋性能品质评价包括蛋壳状况、禽蛋形状、禽蛋重量、禽蛋比重、蛋白状况、蛋黄状况、蛋内容物的气味和滋味、系带状况、胚胎状况和气室状况等。

（一）蛋壳状况

蛋壳是否合乎质量要求，主要从蛋壳的清洁度、完整性和色泽来衡量。质量正常的鲜蛋，蛋壳表面清洁，无禽粪，无其他污物，蛋壳完整无损。蛋壳的厚度和强度因家禽种类不同而不同。鸡蛋壳厚度一般为 0.24~0.42 mm，鸭蛋壳为 0.35~0.57 mm，鹅蛋壳为 0.49~1.00 mm，鹌鹑蛋壳为 0.15~0.21 mm。蛋壳的强度（耐压度）即蛋壳能承受的最大衡压力，鸡蛋为 4.0~4.2 kg/cm^2，鸭蛋为 6.0~7.0 kg/cm^2，鹅蛋为 10.0~11.0 kg/cm^2，鹌鹑蛋壳为 1.2~1.3 kg/cm^2。蛋壳的色泽，由禽的种类和品种所决定，即应为各种禽蛋所应有的色泽。鸡蛋常见为白色和褐色（浅褐、褐、深褐），鸭蛋常为白色和青色，鹅蛋为暗白色。

（二）禽蛋形状

各种禽蛋都有一定的形状，鸡蛋多为椭圆形，但也有细长形和近球形的。后两种形状的蛋，在运输过程中易破损。蛋的形状，以蛋型指数来表示（蛋的纵径与横径之比，称蛋型指数）。蛋形指数是评价禽蛋形状的重要指标之一，其大小反映了禽蛋的形态特征和品种属性。

鸡蛋的蛋形指数一般在 1.15~1.25，表现为稍微椭圆的形状，整体上呈现出较宽的一端和较尖的一端，符合鸡蛋的正常形态。鸭蛋的蛋形指数略高于鸡蛋，一般在 1.25~1.30，表现为较为椭圆的形状，两端相对较圆，整体略显扁平。鹅蛋的蛋形指数相对较高，一般在 1.30~1.35，呈现出近圆形或椭圆形，两端圆钝，整体较为圆润。鸽蛋的蛋形指数相对较低，一般在 1.05~1.15，表现为近于圆形的形状，相对较短且略显厚实。鹌鹑蛋的蛋形指数较小，一般在 1.00~1.05，呈现出近乎圆形的形状，整体较为圆润。

（三）禽蛋重量

禽蛋重量直接反映了禽蛋内部的蛋黄、蛋白以及蛋壳的重量比例，从而影响禽蛋的营养含量和食用价值。外形大小相同的蛋，若重量不同，则轻的为陈蛋，这是由于蛋内水分不断蒸发。因此，禽蛋重量也是评定蛋新鲜程度的指标之一。

鸡蛋的平均蛋重一般在 40~75 g，具体取决于鸡的品种、年龄和饲养管理等因素，正常鸡蛋的蛋重应该适中，重量均匀，蛋壳完整。鸭蛋的蛋重量较大，平均蛋重一般在 70~100 g，蛋壳相对较厚，蛋黄和蛋白含量丰富，鹅蛋的蛋重量较大，平均蛋重一般在 120~180 g，是常见禽蛋中最大的一种，鸽蛋的蛋重量较小，平均蛋重一般在 20~30 g，鹌鹑蛋的蛋重量较小，平均蛋重一般在 10~15 g。

（四）禽蛋比重

禽蛋比重通常使用盐水漂浮法进行测定，比重与蛋重量大小无关，而与蛋存放时间、产蛋季节以及饲料有关。新鲜蛋的比重，一般为 1.08~1.09，低于 1.05 为陈蛋。

（五）蛋白状况

蛋白状况是评定蛋质量优劣的重要指标。质量正常的蛋，浓厚蛋白多，约占全蛋白的 50%~60%，呈无色透明状。蛋白状况可用灯光透视法或直接打开法来判别。灯光透视时，蛋内呈完全透明，表明浓厚蛋白多，蛋的质量优良。打开蛋鉴别是将蛋打开，经过滤后分别称量浓蛋白和稀蛋白的含量，以计算蛋白指数（浓蛋白和稀蛋白重量之比，称为蛋白指数）。

（六）蛋黄状况

蛋黄状况也是评定禽蛋质量的重要指标之一。质量良好的禽蛋蛋黄呈鲜黄色，颜色均匀、饱满，没有明显的色素沉淀或变色现象，质地浓稠细腻，没有出现明显的稀薄或稀释情况，表面有一定的光泽，没有出现暗淡、模糊或发灰的现象，没有异味，保持原有的新鲜蛋黄味道，无腐败或异常气味。质量差的禽蛋蛋黄呈现出明显的颜色变化，如变浅、变淡、出现斑点或色素沉淀等，可能是因为蛋黄老化或氧化导致，通常散发出异味，如腐败味、霉味或其他异常气味。

（七）系带状况

质量正常的禽蛋系带完整，没有破损或撕裂的现象，与蛋壳紧密贴合，保护蛋内部免受外界污染，透明度高，清晰可见，没有混浊或污渍的现象，说明蛋白质结构完整，柔软且具有一定的伸展性，可以轻松地拉伸或拉断，而不会产生断裂或碎裂。

（八）胚胎状况

新鲜蛋的胚胎位于蛋的宽端，与蛋壳内壁之间有一定的空间，避免受到外部挤压和损伤，周围有清晰的蛋黄和胚胎膜，且胚胎血管网络清晰可见，没有明显的破裂、变色或缺失，表明胚胎供血正常。坏蛋的胚胎可能出现死亡、停滞或异常发育的情况，胚胎周围可能有明显的血液凝固、腐败或异味，胚胎可能位于蛋的一侧或倾斜，与蛋壳内壁贴合，受到了外部挤压和损伤，血管网络可能模糊或不清晰，有破裂、变色或缺失的情况，表明胚胎供血受到影响。

（九）气室状况

禽蛋在母禽体内产生形成，排出体外后由于体内外温度之差，蛋内容物遇冷收缩，而在蛋之钝端（大头）两层膜分离形成一个空隙，称为气室。新鲜鸡蛋气室小，其高度一般不超过 7 mm，存放时间长或温度高气室会逐渐变大，蛋的质量也随之降低，因此气室的大小是评定蛋质量的重要指标。

六、蛋白质组分分析评价

禽蛋的蛋白质组分分析可以帮助了解禽蛋中蛋白质的种类、含量和比例，从而评价禽蛋的营养价值和品质特性。

（一）蛋白质种类分析

蛋白质是禽蛋中的主要营养成分之一，其种类和含量直接影响着禽蛋的营养价值和品质。通过蛋白质种类分析，可以了解禽蛋中主要蛋白质的含量和比例，常见的蛋白质种类包括卵白蛋白、卵黄蛋白和卵膜蛋白等。蛋白质种类分析常用的方法有 SDS-PAGE 电泳和色谱法，通过分析不同蛋白质种类的含量和比例，可以了解禽蛋中蛋白质的组成情况。

品质良好的禽蛋含有丰富的卵白蛋白和卵黄蛋白，蛋白质种类丰富，比例适宜，蛋白质种类分布均匀，各种蛋白质含量较高，符合标准要求，且蛋白质的氨基酸组成均衡，特别是必需氨基酸含量充足，蛋白质结构完整，功能活性良好，具有良好的营养价值和生理功能。品质不合格的禽蛋含有不正常的蛋白质，如变性蛋白质、异物蛋白质等，导致蛋白质种类不全或含量不足，蛋白质含量低，且蛋白质的种类分布不均匀，部分蛋白质含量过高或过低，蛋白质结构异常，功能活性降低，影响营养价值和品质。

（二）氨基酸组成分析

氨基酸是蛋白质的组成单元，其种类和含量对蛋白质的营养价值和品质起着重要作用。通过分析禽蛋中氨基酸的组成，可以了解其蛋白质的氨基酸含量及其相对比例。常用的方法包括离子交换色谱法、高效液相色谱法和气相色谱法等，分析禽蛋中各种氨基酸的含量，特别是必需氨基酸的含量，可以评价禽蛋的蛋白质营养价值和品质。

品质良好的禽蛋含有丰富的必需氨基酸和非必需氨基酸，尤其是必需氨基酸含量达到或超过标准要求，且蛋白质组成完整，氨基酸种类丰富，能够提供优质的蛋白质。品质不合格的禽蛋含有异常或缺乏的必需氨基酸，导致氨基酸比例不均衡或不完整，某些必需氨基酸含量偏低，特别是赖氨酸、异亮氨酸、亮氨酸等含量不足，氨基酸含量不稳定，与标准值偏离较大，品质不稳定或存在波动。

（三）结构与功能评价

通过光谱学、质谱学和 X 射线晶体学等技术，分析禽蛋蛋白质的分子结构和构象，了解其稳定性和功能性，通过体外和体内实验，评价禽蛋蛋白质的生理功能，如抗氧化、抗菌和抗炎等作用。

品质良好的禽蛋具有良好的生理功能，如良好的营养吸收性、生物利用度等，且具有一定的生物活性，如抗氧化、抗菌、抗炎等作用。品质不合格的禽蛋蛋白质功能异常，可能导致营养价值降低或生物活性减弱，对生理功能或生物活性的影响较大，可能对人体健康造成不良影响。

第十二章 禽蛋营养品质管控

禽蛋是人类重要的营养来源之一，营养价值较高，主要包括优质蛋白、脂肪、维生素和矿物质等，但由于禽蛋容易受到各种因素的影响，其营养品质也存在一定的波动性。因此，加强禽蛋营养品质的全程管控至关重要。禽蛋的营养品质管控涉及饲料管理、生产环境管控、卫生防疫管控、收集储藏管控和加工处理管控等多个方面。

一、饲料营养管控

饲料营养管控是保障禽类健康和提高禽蛋品质的关键环节。优质的饲料不仅能够满足禽类的营养需求，还可以促进禽类生长发育、提高蛋品质和增加产量，从而实现养殖效益的最大化。

（一）饲料加工

在选择饲料原料时，应该优先选择优质、新鲜、营养价值高、无毒无害的原料（图12-1）。部分饲料原料在直接使用前需要进行一定的加工处理，如图12-2所示，如磨碎、膨化、发酵等，以提高其营养价值和消化率。在加工处理过程中，要严格控制各项工艺参数，确保处理效果达到预期目标，从而确保禽蛋营养成分的完整性和稳定性，避免因加工过程而降低饲料质量。

（二）饲料加工的规范性

饲料加工是饲料管理的关键环节，直接影响禽蛋的营养品质。因此，在饲料加工过程中需要严格遵守相关规范，确保饲料质量达标。

图 12-1 常见的家禽饲料原料

1. 配料的精确性

配制饲料需根据配方的要求,精确称量各种原料的用量,确保各营养成分的比例符合要求,同时还要注意原料的均匀混合,避免出现营养不均衡的情况。

2. 加工工艺的控制

不同类型的饲料需要采用不同的加工工艺,如颗粒加工、膨化加工等(图 12-2 和图 12-3)。在实施加工工艺时要严格控制各项工艺参数,如温度、压力、时间等,确保饲料的理化指标和营养价值符合标准要求。

图 12-2 电动饲料研磨机

图 12-3 饲料膨化机

（三）饲料配方的科学性

饲料配方的科学性是保证禽蛋营养品质的基础。科学的饲料配方应该满足禽类的营养需求，既要满足生长发育所需的营养，又要满足产蛋所需的营养。饲料配方应该根据禽类的生长阶段、产蛋状况等因素进行调整，确保各种营养素的比例协调。

1. 蛋白质含量的控制

蛋白质是禽类生长发育和产蛋的重要营养素，其含量直接影响禽蛋的营养品质。蛋白质含量过低会导致禽类生长发育缓慢，蛋品营养价值下降；而蛋白质含量过高则会增加禽类的代谢负担，影响生产性能。因此，在配制饲料时需要根据禽类的生长阶段和产蛋状况，合理控制蛋白质的含量，确保其满足禽类的需求。

2. 氨基酸平衡性的控制

蛋白质的营养价值不仅取决于总量，还取决于氨基酸的组成和比例，禽类对不同氨基酸的需求也存在差异。因此，在配制饲料时需要根据禽类的需求，调整各种氨基酸的比例，确保氨基酸的平衡性，从而提高蛋白质的利用率，保证禽蛋的营养品质。

3. 能量—蛋白质比的控制

能量和蛋白质是禽类生长发育和产蛋的两大主要营养素。能量—蛋白质比是衡量饲料营养价值的重要指标，直接影响禽类的生产性能和蛋品质量。在配制饲料时，需要根据禽类的生长阶段和产蛋状况，合理控制能量—蛋白质比，确保禽类能够充分利用饲料中的营养成分。

4. 维生素和矿物质的补充

维生素和矿物质是禽类生长发育和产蛋所需的重要微量营养素。它们不仅参与禽类的新陈代谢，还直接影响禽蛋的营养品质。因此，在配制饲料时需要根据禽类的生理需求，合理补充各种维生素和矿物质，确保禽类获得充足的营养，从而保证禽蛋的营养品质，尤其在家禽产蛋高峰期需要提高饲料中的矿物质含量，如饲料中缺钙将会直接影响蛋壳质量，增加破损蛋、软壳蛋和无壳蛋的比例。

二、饲喂规范管控

饲喂管理是保证禽蛋营养品质的关键环节之一。良好的饲喂管理不仅可以满足禽类的营养需求,还能确保禽类获得充足的营养,从而保证禽蛋的营养品质。

(一) 饲喂方式的选择

不同生长阶段和产蛋状况的禽类对饲喂方式有不同的要求。在选择饲喂方式时,需要根据禽类的特点采用适合的喂养方式,如自由采食、限量采食等,确保禽类能够充分摄取营养。在规模化蛋鸡场中一般采用限定时间喂养法,在固定的时间段内进行喂养,这种方式能够更好地控制饲料摄入量,避免鸡只挑食造成浪费。鹅通常采用地养模式进行饲养,有固定的鹅舍,白天放牧进行自由采食,晚上回舍后补充精饲料。

(二) 饲喂时间的控制

饲喂时间的合理性也会影响到禽蛋的营养品质。一般来说应该根据禽类的生理节奏合理安排饲喂时间,一般情况下成年禽类每日饲喂 2~3 次,雏禽则需要更频繁的饲喂,通常为每日 4~6 次,对于产蛋期的禽类通常采用限饲的方式进行养殖,以更好地控制禽类的体重和营养摄入,避免肥胖等问题的发生。另外还需要确保禽类能够充分利用饲料中的营养成分,同时还要注意避免禽类长时间处于饥饿状态,以免影响其生产性能。

(三) 饲喂量的调控

饲喂量的合理性直接影响禽蛋的营养品质。在确定饲喂量时,需要根据禽类的生长阶段、产蛋状况以及环境条件等因素进行调整,确保禽类能够获得充足的营养,同时又不会造成营养过剩或浪费。

(四) 饮水管理

饮水管理也是保证禽蛋营养品质的重要环节,如图 12-4 所示。禽类对水的需求量较大,水质的好坏直接影响到禽类的生产性能和蛋品质量。因此,在饲喂管理中需要重视饮水管理,确保禽类能够获得充足、优质的饮用水。

第十二章 禽蛋营养品质管控

图 12-4 禽类饮水器

(五) 饲喂环境的控制

饲喂环境的好坏也会影响禽蛋的营养品质。在饲喂过程中，需要注意控制环境温度、湿度、通风等因素，确保禽类处于舒适的环境中，从而能够充分利用饲料中的营养成分，保证禽蛋的营养品质。

三、生产环境管控

禽蛋营养品质管控中的生产环境管控是确保禽类生长环境的清洁、舒适和安全，以提高禽蛋的品质、增加产量、降低疾病发生率的一项重要措施。在生产环境管控方面，需要涉及温湿度管控、空气质量管控、光照管控和噪声管控等多个方面。

禽类对温湿度环境有较为严格的要求。合适的温湿度不仅有利于禽类的健康生长，也能维持禽蛋的营养成分和品质。

(一) 温度管控

不同生长阶段的禽类对温度有不同的需求。一般来说，雏鸡和产蛋期的禽类对温度要求较高，需要保持在适宜范围内。例如，雏鸡的最佳温度为 32~35 ℃，产蛋期的鸡则需要保持在 18~22 ℃。温度过高会导致禽类出现热应激反应，出现食欲下降、水分代谢失调等问题，影响禽类的生长发育和蛋品质。而温度过低则会降低禽类的免疫力，增加疾病发生率，同时也会影响蛋品质。因此，禽舍内部需要安装温度调节设备，如供暖系统、冷风机等，并采取合理的管理措施，如合理控制供暖时间、调节通风等，确保禽舍内部温度保持在最佳范围。

（二）湿度管控

禽类对湿度的要求也较为严格。一般来说，雏鸡和产蛋期的禽类最佳湿度为60%~70%。湿度过高会导致禽舍内部环境潮湿，容易滋生细菌和真菌，增加禽类疾病的发生率，同时也会影响蛋壳质量。而湿度过低则会使禽类呼吸道干燥，增加呼吸道疾病的发生。因此，禽舍内部需要安装湿度调节设备，如加湿器、除湿机等，并采取合理的管理措施，如合理控制通风、调节饮水量等，确保禽舍内部湿度保持在最佳范围（图12-5）。

图12-5　养殖场常用湿帘

（三）空气质量管控

禽舍内部的空气质量也是影响禽蛋营养品质的重要因素。良好的空气质量不仅有利于禽类的健康生长，也能维持禽蛋的营养成分和品质。

1. 粉尘管控

禽舍内部容易产生大量粉尘，主要来源于禽类的粪便、饲料、垫料等。过多的粉尘会污染禽舍空气，影响禽类的呼吸系统健康，同时也可能污染禽蛋,降低其营养品质。因此需要采取有效的粉尘管控措施,如定期清洁禽舍、更换垫料、安装空气过滤设备等,确保禽舍内部粉尘含量保持在合理范围内。

2. 有害气体管控

禽舍内部容易产生氨气、硫化氢等有害气体,主要来源于禽类粪便的分解。这些有害气体不仅会污染禽舍空气,影响禽类的健康,也可能通过渗透进入禽蛋,降低其营养品质。因此需要采取有效的有害气体管控措施,如加强通风(图12-6)、使用除臭剂等,确保禽舍内部有害气体含量保持在安全范围内。

图 12-6　禽舍风机

3. 细菌管控

禽舍内部容易滋生大量细菌,主要来源于禽类粪便、垫料等,细菌会对禽类和禽蛋的健康造成威胁。因此需要采取有效的细菌管控措施,如使用抗菌剂、加强禽舍卫生管理等,确保禽舍内部细菌含量保持在安全范围内。

(四) 光照管控

光照是影响禽类生长和蛋品质的重要因素。合理的光照不仅有利于禽类的生长发育,也能维持禽蛋的营养成分和品质。

1. 光照时长管控

不同生长阶段的禽类对光照时长有不同的需求。一般来说，雏鸡需要较长的光照时间，以利于其生长发育；而产蛋期的禽类则需要适当的光照时长，以刺激其产蛋。过长的光照时间会导致禽类出现应激反应，影响其生长发育和蛋品质；而光照时间过短则会降低禽类的产蛋率和蛋品质。因此需要根据不同生长阶段的禽类需求，合理控制禽舍内部的光照时长，以确保禽类健康生长和蛋品质。一般情况下，产蛋期的鸡需要 16~18 h 的光照时间，产蛋期的鸭需要 12~14 h 的光照时间。

2. 光照强度管控

禽类对光照强度也有较为严格的要求。一般来说，雏鸡和产蛋期的禽类最佳光照强度为 10~20 lx。光照强度过高会导致禽类出现视力损害，影响其生长发育和行为；而光照强度过低则会降低禽类的产蛋率和蛋品质。因此需要合理控制禽舍内部的光照强度，如合理选择灯具、调整灯光角度等，以确保禽类获得最佳的光照环境（图 12-7）。

图 12-7 鸡舍光照灯

（五）噪声管控

噪声影响禽类的生长发育和蛋品质。过大的噪声会导致禽类出现应激反应，影响其生理活动和免疫功能，进而影响禽蛋的营养品质。禽舍内部的噪声主要来源于禽类本身、设备运转和人为操作，禽类在打鸣、拍翅膀和啄食等过程中会产生噪声,因此需要通过加强对禽类的管理和训练,减少其不必要的活动和叫声,降低禽类本身产生的噪声;养殖场内的机械设备如通风机、喂食器、饮水器、清洁设备等在运转时也会产生噪声,可以选择运转噪声低的设备,例如安装静音通风机、采用低噪声的喂食器和饮水器等,减少设备运转带来的噪声,合理安排设备的位置,避免将噪声源直接设置在禽舍内也可以减少噪声的传播,另外可以在禽舍内部或设备周围加装隔音材料,如隔音板、吸音棉等,以减少噪声的传播和影响;工作人员在禽舍内进行操作、移动设备或材料时可能会产生一定的噪声,因此需要合理安排工作时间,尽量在禽类休息或活动较少的时间段进行工作,减少对禽类生物钟的干扰。

四、卫生防疫管控

在禽蛋营养品质管控中,卫生防疫管控是一个至关重要的环节,它不仅能确保禽蛋产品的卫生安全,还能有效预防和控制禽类疫病的传播,从而保障禽蛋的营养品质。因此,深入探讨禽蛋营养品质管控中的卫生防疫管控具有重要的理论和实践意义。

(一)环境卫生管理

1. 场区卫生管理

场区需与外部进行隔离,场区卫生管理包括场区清洁、消毒、杀虫灭鼠等措施。定期对场区进行清洁,清除杂草、垃圾等,保持场区整洁。采取有效的消毒措施,如喷洒消毒液、熏蒸等,杜绝病原微生物的传播,同时加强对鼠害、昆虫的防治,避免它们污染禽舍环境。

2. 禽舍卫生管理

保证禽舍内部的清洁卫生,要定期对禽舍进行彻底清洁,清除积累的粪便、饲料残渣等。禽舍之间需要保持 50~100 m 间隔为宜,采取消毒措施,如喷洒消毒剂、紫外线消毒等,杀灭禽舍内的细菌、病毒等有害微生物(图12-8),同时加强对禽舍内部环境的管控,保持适宜的温度、湿度、通风等。

图 12-8　禽舍环境消毒

3. 饲养设备卫生管理

饲养设备如饲槽、饮水器等要定期清洗消毒，避免成为细菌滋生的场所，同时对蛋托、蛋箱等收集、运输设备进行清洁消毒处理，确保设备卫生（图 12-9）。

图 12-9　运输车辆消毒

4. 人员卫生管理

从事禽蛋生产的工作人员要做好个人卫生，如穿戴专用工作服、戴口罩、勤洗手等，同时对工作人员进行健康检查，杜绝患有传染性疾病的人员参与生产。

5. 原料及产品卫生管理

禽蛋生产所需的饲料、疫苗等原料要严格把关,确保质量合格,对于禽蛋产品,要建立健全的卫生监测制度,定期抽检,确保产品卫生安全。

6. 废弃物处理

禽舍产生的粪便、污水等废弃物要进行无害化处理,避免造成环境污染,可采取堆肥、厌氧发酵等方式进行无害化处理,最大限度减少对环境的影响(图 12-10)。

图 12-10 鸡粪处理

7. 培训教育

定期对禽蛋生产工作人员进行环境卫生管理的培训教育,提高他们的卫生意识和操作技能,确保各项卫生管理措施落实到位。

(二)禽类健康管理

禽类健康管理是预防疾病的重要措施,也是保障禽蛋品质和食品安全的关键。

1. 建立完善的疫病预防体系

定期对禽舍进行消毒、对新进禽只进行隔离观察等措施,及时发现并隔离患病禽只,避免疫病在禽群中蔓延,同时还要定期对禽群进行体检和免疫，确保禽类身体健康。

2. 注重禽舍环境管理

良好的饲养环境是禽类健康的前提。禽舍要保持干燥、通风良好，并定期清洁消毒。要合理控制禽舍温湿度，避免极端气候对禽类造成不利影响，同时还要注重禽舍的采光和照明管理，为禽类营造舒适的生活环境。

3. 加强饲料和饮水管理

优质的饲料和清洁的饮水是禽类健康的重要保证。饲料要选用营养丰富、无毒害的原料，并保证饲料新鲜。饮水要定期消毒，确保水质安全。同时还要根据禽类生长阶段的不同需求，合理调整饲料配方和饮水供给。

4. 做好日常监测和记录工作

定期观察禽群的生长状况，及时发现异常情况，并做好详细记录。一旦发现问题，要及时采取措施，避免疫病扩散或禽蛋品质下降。同时还要建立健全的信息管理系统，记录禽群健康状况、疫病防控、用药等各项数据，为后续分析和改进提供依据。

五、疫苗接种管理

疫苗接种管理是禽蛋营养品质管控的关键。合理的疫苗接种计划能有效预防禽类常见疫病的发生，从而保证禽蛋产品的安全卫生。

（一）制定接种计划

根据不同禽种、生长阶段以及当地疫情情况，制定针对性的疫苗接种方案。一般来说，新进禽只需要进行隔离观察和基础疫苗接种，以建立初步免疫力；成年禽类则需要定期进行加强免疫。同时还要密切关注疫情动态，适时调整接种计划，确保禽群免疫效果。免疫接种的方法可分为个体免疫法和群体免疫法，个体免疫法有滴鼻、点眼、涂擦、刺种、注射接种法等，群体免疫法主要有饮水免疫、气雾免疫法等。在禽类饲养过程中必须接种的疫苗有新城疫疫苗、马立克氏疫苗、传染性法氏囊炎疫苗和禽流感疫苗等。

（二）规范接种程序

接种前要对禽群进行仔细检查，排除患病禽只；接种时要做好针剂消毒和针具消毒，确保无交叉感染；接种后要密切观察禽只反应，及时处理异常情况。同时还要做好疫苗管理，确保疫苗储存条件符合要求，避免疫苗失效（图12-11）。

图 12-11　禽类疫苗接种

（三）加强接种记录管理

详细记录每批禽只的疫苗接种情况，包括疫苗品种、批号、接种时间、接种反应等，为后续分析和改进提供依据。同时还要建立健全的信息管理系统，实现禽群健康状况、疫病防控等数据的统一管理和分析。

（四）监测接种效果

定期对禽群进行血清学检测，评估疫苗接种效果，及时发现免疫力不足的禽只，并采取补充免疫等措施。同时还要对疫苗接种过程中出现的异常情况进行分析，找出问题根源，不断优化接种方案。

六、收集储藏管控

禽蛋营养品质管控中的收集储藏管控是指在禽蛋从产地到销售环节中，对禽蛋的收集、储藏、运输和仓储过程进行管理和监控，以确保禽蛋的品质、安全和卫生。这一环节的管控涉及收集点、储存设施、运输方式、仓储条件等多个方面。

（一）收集管控

1. 收集时机的把控

收集时间的选择对禽蛋营养品质有着重要影响。一般来说，应选择禽蛋产品最佳品质期进行收集，避免收集过早或过晚的禽蛋。鸡蛋最佳收集时间为产蛋后 6~12 h 内，鸭蛋最佳收集时间为产蛋后 12~24 h 内，以确保收集的禽蛋具有最佳的营养品质。

2. 收集过程的规范化

收集过程必须严格遵守操作规程，做到无污染、无损伤。首先，收集场所要保持清洁卫生，避免禽蛋受到外界污染；其次，收集人员要做好个人卫生防护，穿戴无尘工作服、帽子、口罩等；再次，收集工具要定期清洗消毒，确保无细菌污染；最后，收集过程要轻拿轻放，避免禽蛋受到机械损伤。

3. 分类收集的实施

禽蛋产品应按品种、产地、产时等进行分类收集，以便后续的分级储存和销售。同时还要对异常禽蛋（如畸形蛋、裂蛋等）进行单独收集，避免混入正常禽蛋。通过分类收集可以更好地控制禽蛋的品质，提高管理效率。

（二）储藏管控

1. 温湿度的精准控制

禽蛋在储藏过程中，温度和湿度是影响其营养品质的两大关键因素。一般而言，鸡蛋最佳储藏温度为 0~4 ℃，相对湿度为 75%~85%；鸭蛋最佳储藏温度为 -1~3 ℃，相对湿度为 80%~90%，超出这一范围都会导致蛋白质、脂肪等营养成分的降解，影响禽蛋的品质。因此必须采用精密的温湿度控制设备，确保储藏环境参数稳定在最佳范围内。

2. 包装容器的选择

禽蛋在储藏过程中容易受到外界因素的影响，因此包装容器的选择非常关键。一般来说，应选用密闭性强、透气性好的包装容器，如塑料托盘、纸托盘等。同时包装容器内部要设置隔板，将不同批次的禽蛋分隔开来，避免交叉污染。此外，包装容器表面要定期清洗消毒，确保卫生安全。

3. 储存时间的控制

禽蛋的储存时间也会对其营养品质产生影响。一般而言，鸡蛋最佳储存期为 7~10 d，鸭蛋最佳储存期为 10~14 d。超出这一时间禽蛋的新鲜度和营养价值会逐渐降低。因此必须严格控制储存时间，确保禽蛋在最佳品质期内销售，同时要建立先进先出的库存管理机制，确保库存禽蛋得到合理利用。

（三）定期检测与监控

在整个储藏过程中还要定期对禽蛋的品质进行检测与监控。可以采用感官检测、理化检测等方法，对禽蛋的外观、气味、内部品质等进行全面评估。一旦发现问题要及时采取措施，避免禽蛋质量的进一步下降，同时还要建立健全的监控体系，实时掌握禽蛋储藏状况，为后续的品质管控提供依据。

七、加工处理管控

禽蛋营养品质管控中的加工处理管控是指对禽蛋进行加工处理过程中的管理和监控，以确保禽蛋的品质、安全和卫生。

（一）原料管控

禽蛋加工的原料主要包括新鲜鸡蛋、鸭蛋等。加工企业应建立原料采购标准，对进厂的禽蛋进行检验，确保原料符合营养和卫生要求，同时要建立原料台账，记录进厂时间、数量、质量等信息，做好溯源管理。

（二）清洗消毒

禽蛋表面可能存在细菌污染，需要进行清洗消毒处理。清洗时应使用食品级消毒剂，控制浓度和接触时间，确保杀灭表面细菌，同时不会对蛋壳和蛋白质造成损害。清洗后还要对设备、工作环境进行全面消毒，避免交叉污染。

(三) 分级分选

不同品质的禽蛋应进行分级分选。可根据蛋重、蛋壳完整性、蛋白质状态等指标，将禽蛋划分为不同等级，高等级的禽蛋可用于生食，次等级的可用于加工制品。分级分选有利于提高资源利用率，降低成本。

(四) 热处理

禽蛋加工中常见的热处理工艺包括巴氏杀菌、高温灭菌等。合理的热处理可以杀灭病原微生物，延长保质期，但过度加热会破坏蛋白质的营养价值。因此需要根据产品特点选择适宜的温度和时间参数，确保既能杀菌，又能最大限度保留营养成分。

(五) 包装

禽蛋产品包装应采用食品级材料，密封性好、防渗漏、防氧化，同时包装上应标注清楚的产品信息，如生产日期、保质期、营养成分等，以便消费者查阅。此外包装还应具有一定的防护性，避免在运输储存过程中受到机械损伤（图12-12）。

图12-12　禽蛋常用包装盒

(六) 储存运输

禽蛋产品应在恰当的温度和湿度条件下储存，避免受到高温、阳光直射等不利因素的影响。运输过程中也要注意温度控制，防止产品变质，同时运输车厢要定期清洗消毒，避免交叉污染。

（七）检验监控

加工企业应建立完善的检验监控体系，涵盖原料、过程、成品等各个环节。采用理化检测、微生物检测等手段，对营养成分、卫生指标等进行检测，及时发现并解决问题，同时要保留检验记录，为产品溯源提供依据。

参考文献

安东尼奥·帕拉瓜苏,2019. 食品安全监管下中国蛋鸡健康养殖的解决方案. 中国禽业导刊,36(2):14-15.

常心雨,王晶,张海军,等,2021. 鸡蛋蛋清形成过程及品质调控研究进展. 中国家禽,43(12):93-101.

陈合强,2011. 鸡舍空气质量的控制. 家禽科学(12):24-25.

陈华,2013. 冬季肉鸭饲养管理要点. 当代畜牧(3):4-6.

陈佳静,刘冰,张梦雪,等,2024. 富硒鸡蛋的研究进展及生物学作用. 今日畜牧兽医,40(4):71-73.

方绍培,刘晨龙,尧国荣,等,2017. 蛋壳膜对生产肉鸡抗病力和免疫力的影响. 江西农业学报,29(12):77-81.

冯晓璇,梁天一,曾晓房,等,2020. 鸽蛋的营养及与其他禽蛋营养的比较分析. 农产品加工(17):44-49.

盖迎春,2016. 加强养鸡业卫生防疫确保鸡产品质量安全. 吉林农业(22):92.

高宗旺,张新娜,杨青,等,2024. 商品肉鸡的饲养管理. 北方牧业(2):25.

何晨鹏,申文璨,刘寰宇,等,2024. 维生素E抗氧化作用及其在动物生产上的应用研究进展. 饲料工业,45(7):11-14.

贺丽霞,王敏,黄忠民,2011. 质构仪在我国食品品质评价中的应用综述. 食品工业科技,32(9):446-449.

侯艳华,王威,孟令峰,2022. 鸡群光照管理与生产性能的关系. 中国畜禽种业,18(4):170-171.

侯中保,夏志明,2024. 蛋鸡饲养管理注意事项. 吉林畜牧兽医,45(2):70-72.

胡庆勇，胡聪，斯大勇，等，2017. 益生菌对蛋品质的调控及作用机理. 饲料工业，38（20）：57-61.

黄秋婷，黄惠华，2004. 电子舌技术及其在食品工业中的应用. 食品与发酵工业（7）：98-101.

蒋玲艳，廖厚承，2021. 探寻鸡蛋气室形成的秘密. 家禽科学（2）：53-55.

李长龄，毕森序，ZHU J，等，2006. 类胡萝卜素的新功能与临床评估. 上海预防医学杂志（6）：285-288.

李东全，陈玉艳，韩业东，等，2023. 维生素D调控鸡蛋品质的研究进展. 饲料研究，46（15）：163-166.

李湘涛，宋林继，莫建平，2017. 家鸡的起源与驯化. 森林与人类（2）：116-121.

李雪雁，戴佩芬，林苗，等，2017. 鸽蛋营养成分测定与价值分析. 食品研究与开发，38（19）：123-126.

李贞，2016. 卵磷脂的生物学功能及其应用. 畜牧与饲料科学，37（2）：94-95.

李政萍，CUNHA, R G T D，PAULO, S，2010. 鹌鹑蛋可提供惊人的益处. 国外畜牧学（猪与禽），30（4）：20-22.

林秋燕，2020. 家禽生殖系统问题探讨. 养禽与禽病防治（10）：33-38.

卢运体，李本胜，孙淑君，2009. 蛋鸡场饲料管理关键控制技术. 中国畜牧杂志，45（24）：59-60.

马斌，张琪，付星，等，2020. 卵转铁蛋白生物活性肽功能研究进展. 食品工业科技，41（22）：364-370.

孟昭群，2022. 常食鸭肉益康寿. 养生月刊，43（7）：632-633.

蒲跃进，姜贤，蔡传鹏，等，2022. 加快推动湖北省禽蛋产业高质量发展的思考. 中国禽业导刊，39（10）：27-29.

裘永良，1995. 禽蛋的结构及各组成部分的功能. 养禽与禽病防治（3）：28.

桑其晨，2024. 蛋鸡饲养技术要点. 吉林畜牧兽医，45（4）：106-108.

苏敏，2024. 食品安全标准在食品安全管理中的应用. 食品安全导刊（3）：6-13.

孙薇，丁冬芹，柏丹阳，等，2021. 芳香族氨基酸及其衍生物的细胞工厂构建策略. 合成生物学, 2 (6): 982-999.

汪一敏, 2023. 鸡蛋虽普通食用有学问. 食品与健康, 35 (5): 20-21.

王宝童, 张勇杰, 2022. K9840 自动凯氏定氮仪测定生物膜蛋白质含量. 当代化工, 51 (7): 1756-1760.

王彩霞, 袁文婷, 刘宇, 等, 2017. 陕西省乳蛋类食品中重金属膳食暴露风险评估. 中国卫生检验杂志. 27 (24): 3511-3513.

王晶晶, 陈建康, SAMIULLAH S et al., 2018. 褐壳蛋鸡的蛋壳颜色（综述）. 国外畜牧学（猪与禽）, 38 (7): 7-8.

王迎春, 唐式校, 2016. 母禽的繁殖生理结构. 现代畜牧科技 (8): 74.

王元荪, 2018. 一种低胆固醇鸡蛋的生产方法. 家禽科学 (3): 57.

魏世崇, 2008. 鸡生理特点与管理. 新农业 (3): 37.

吴守一, 邹小波, 2000. 电子鼻在食品行业中的应用研究进展. 江苏理工大学学报（自然科学版）(6): 13-17.

吴子健, 陶琳, 2010. 核黄素结合蛋白的性质及其功能. 食品研究与开发, 31 (11): 224-228.

杨友成, 2023. 蛋鸡养殖各阶段的饲养管理措施. 中国动物保健, 25 (4): 105-106.

殷若新, 孙晓军, 周世良, 2014. 蛋黄着色机理及影响因素. 家禽科学 (6): 50-52.

游晓辉, 金孟悦, 杨华, 等, 2024. 近红外光谱法测定丙三醇中微量水含量. 化学推进剂与高分子材料, 22 (1): 73-76.

于爱芝, 宫丽颖, 佘惠灵, 等, 2023. 日本鸡蛋消费情况分析. 中国食物与营养, 29 (1): 47-50.

于志鹏, 赵文竹, 刘静波, 2015. 鸡蛋清中功能蛋白及活性肽的研究进展. 食品工业科技, 36 (7): 387-391.

苑进, 李扬, 刘雪美, 等, 2016. 禽蛋自动捡拾系统结构设计及机械手运动规划. 农业工程学报, 32 (8): 48-55.

张超, 2018. 当前我国禽蛋市场回顾及未来展望. 中国禽业导刊, 35 (10): 24-25.

张潮, 2015. 如何做好鸡饲料配方的设计. 当代畜牧 (24): 83-84.

张精海, 2024. 影响鸡蛋蛋壳质量的因素分析与对策. 中国动物保健, 26 (4): 93-94.

张俊楠，孙志华，徐桂云，2021. 家禽卵泡发育与调控机制研究进展. 中国家禽，43（5）：1-7.

张蒙，张宝锁，2022. 中国蛋产品进出口贸易分析. 畜牧产业（12）：55-67.

张以富，2023. 土鸡高效饲养管理关键技术要点. 农村新技术（12）：28-29.

郑东磊，霍嘉颖，李述刚，等，2023. 我国禽蛋加工研究现状、问题及趋势. 中国禽业导刊，40（12）：13-18.

郑勋雷，2023. 鸡群免疫接种实践与探讨. 畜牧兽医科技信息（9）：205-208.

周尽喜，2024. 输卵管的结构及其对蛋壳膜形成的影响. 家禽科学，46（4）：57-59.

周俞宏，2024. 基于凯氏定氮法测定食物蛋白质含量要素探究. 工业微生物，54（2）：200-202.

朱宁，赵令卓，2024.2023 年蛋鸡产业发展形势及 2024 年展望. 中国畜禽种业，20（3）：34-38.

左兴华，2016. 家禽的受精过程和影响因素. 现代畜牧科技（11）：56.

GHANEM K, JOHNSON A L, 2019. Relationship between cyclic follicle recruitment and ovulation in the hen ovary. Poultry science, 98（7）：3014-3021.

LIU X T, LIN X, MI Y L, et al., 2018. 不同产蛋阶段蛋鸡卵黄前体物质生成的变化研究（英文）. Journal of Zhejiang university-science B (biomedicine & biotechnology), 19（5）：390-399.

ROBERT G E, KEVIN J H, 2023. A review of recent studies on the enrichment of eggs and poultry meat with omega-3 polyunsaturated fatty acids: novel findings and unanswered questions. Poultry science, 102（10）：102938.

VU G, XIANG X, ZHOU H, et al., 2022. Lutein-fortified plant-based egg analogs designed to improve eye health: Formation, characterization, in vitro digestion, and bioaccessibility. Foods, 12（1）：2.